Jürgen Raap

NovemberMord

Jürgen Raap

NovemberMord

Der 1. literarische
Krimi aus Köln

Klein & Blechinger

CIP-Titelaufnahme der Deutschen Bibliothek
Raap, Jürgen:
NovemberMord: Jürgen Raap.-1. Aufl.,
Köln: Klein & Blechinger, 1990
ISBN 3-927658-06-5

Subbelrather Straße 451
D-5000 Köln 30
Telefon (0221) 550 68 78
Telefax: (0221) 55 59 32
Lektorat: Rudi Köster
Umschlagillustration: Peter Wegner
Ausstattung: Conpress Medienproduktion, Köln
Gesetzt aus der Palatino
Druck: Kanters B.V.
1. Auflage Oktober 1990
ISBN 3-927658-06-5
Printed in Niederlande

Danksagung
Besonderen Dank für Thomas F. Fischer
und Willi Kreuer für die Durchsicht
des Manuskriptes.

1.

Der Schwarzmarkt hatte nichts mit den üblichen Floh- oder Trödelmärkten gemein. Es gab keine Stände, keinerlei Tische, auf denen die Waren ausgebreitet waren, noch nicht einmal Tücher oder Decken auf dem Boden. Konservendosen und Lockenwickler aus Plastik, Werkzeuge und Gläser mit eingelegten Gurken, Gardinenstoffe und ärmliches Kinderspielzeug, Ledergürtel und Küchengeräte waren einfach auf der nackten, staubigen Erde aufgereiht oder aufgetürmt. Inmitten von Müll, Bergen von zerknülltem Einwickelpapier, zerfetzten Zeitungen, leer getrunkenen Flaschen. Die Händler waren ausschließlich Polen, sie kamen an jedem Wochenende zu Tausenden nach West-Berlin, in Reisebussen oder in ihren Fiat-Autos, vollgepackt mit jenen Dingen, die sie hier auf mehreren großen Plätzen in der Stadt zu Spottpreisen anboten. Zangen oder Schraubenschlüssel für eine Mark das Stück, Wodka für fünf Mark die Flasche, eine Stange Zigaretten für 12 oder 15 Mark, alles vier- bis fünfmal so billig wie in den Berliner Geschäften.

Die Behörden waren machtlos gegen das bunte Treiben. Machten sie einen Treffpunkt dicht, wegen Zollvergehen oder wegen mangelnder Hygiene, oder auch, weil dort kranke Tiere verhökert wurden, dann bildete sich in einem anderen Stadtteil sofort ein neuer Markt. Die polnischen Schwarzhändler schliefen zwei oder drei Nächte lang in ihren Bussen oder ihren Autos, und was sie hier an harten Devisen einstrichen, reichte aus, um zu Hause einen Monat oder gar zwei leben zu können, oder um sich von dem West-Geld in Kattowitz oder Warschau in Spezialläden Autoersatzteile und andere Dinge kaufen zu können, die man nur gegen DM oder US-Dollar bekam. Stefan Marzik schlenderte ziellos zwischen den Händlern umher, die mit ihren türkischen Kunden feilschten. Sie hätten hochwertiges Zeug herankarren sollen, dachte er, nicht diesen staubigen Tand. Er mußte daran denken, wie er selbst vor zwanzig Jahren als Silberschmuck-Hippie in Köln auf der Schildergasse gesessen hatte. Halsketten und Armreifen hatte er aus Silberdraht zurechtgebogen und in der Fußgängerzone auf einem Deckchen ausgebreitet. Das war ein paar Wochen lang ganz gut gelaufen, aber Stefan Marzik war clever genug gewesen, sein Sortiment alsbald zu erweitern. Schmuck mit Steinen aus Idar-Oberstein, die er von einem Großhändler bekam, oder echten Silberschmuck aus Persien, den irgendwelche Tramper mit hochgebracht hatten. Und Marzik war es schließlich gewesen, der die ambulanten Schmuckhändler zwischen Dom und Neumarkt zu einem Kartell zusammengeschweißt hatte, mit einem gut organisierten Warndienst vor den Bullen und den Ordnungsamt-Typen, die hinter fliegenden Händlern ohne Gewerbeschein und mit Absprachen über Einheitspreise her waren. Wer aus der Reihe tanzte, wurde in ein stilles Eckchen hinter der Antoniterkirche gezerrt und gründlich aufgemischt. Mit ähnlicher Rigorosität hatte er später seine Drückerkolonne losgeschickt. Zeitschiftenwerber, die einen auf armer Student machten und tattrigen Omas an der Haustüre ein Lesezirkel-Abonnement andrehten. Und keiner der Jungs hatte es gewagt, am Abend mit weniger Bestellzetteln anzutanzen, als Marzik zum Limit festgesetzt hatte. Man müßte diesen Polen-Markt richtig organisieren, dachte Marzik, da wäre bestimmt eine ganze Menge drin. So wie er damals mit drei, vier anderen Burschen sämtliche Negerbrigaden in Köln unter Kontrolle hatte. Emigranten aus Afrika, die meistens illegal im Land, die Marzik und seine Spießgesellen Nacht für Nacht mit einer dicken Reisetasche voller Elfenbeinschnitzereien, billigen Uhren und Lederklamotten durch die Kneipen schickten.

Ein Pole bot Textilien an. Marzik überlegte, ob er sich für seinen Trip nach drüben nicht neu einkleiden solle. Vielleicht war es hilfreich, nicht sofort als West-Tourist erkannt zu werden. Einer dieser polnischen Anzüge in altmodischem Schnitt, mit breitem Revers, in der Mode der siebziger Jahre. Auf den ersten Blick sahen die Leute in Ost-Berlin nicht anders gekleidet aus als im Westen, die meisten in modischen Jeans-Klamotten, Lederjacken. Aber ein DDR-Bürger erkannte sofort, ob einer aus dem Westen kam, und sei es daran, wie seine Schuhe besohlt waren. Marzik wischte den Gedanken beiseite, in diesem polnischen Anzug hätte er nur lächerlich ausgesehen. Nein, eine solche Verkleidung wäre völliger Quatsch gewesen.

Der Schwarzmarkt erstreckte sich über einen riesigen, matschigen Platz neben dem Kunstgewebemuseum. Marzik bahnte sich einen Weg durch die Menschenmenge zur großen Straße zurück, wo er ein Taxi anhielt, das ihn zum Bahnhof Zoo brachte. Dort bestieg er den nächsten S-Bahn-Zug, der über die Hochbahntrasse in Richtung Osten ratterte, über einen Kanal, an baumbestandenen Straßen mit Jugendstilvillen vorbei, an Brachland mit Fabrikruinen. Aber Marzik war nicht sensibel genug um Berlin als eine Stadt der harten Kontraste empfinden zu können. Für ihn waren immer schon Dreck und Luxus Dinge gewesen, die einfach zusammengehörten.

Lehrter Stadtbahnhof war die letzte Station im Westteil. Wenige Minuten später zog die Bahn eine lange Kurve über die Mauer. Auf ihrer Westseite war sie mit bunten Graffitis übersät, auf der anderen Seite grellweiß gekalkt. An dieser Stelle führte sie direkt am alten Reichstagsgebäude vorbei, ein pompöser Palast aus der Kaiser-Wilhelm-Zeit. Der Sperrstreifen auf der östlichen Seite der Mauer war so breit wie ein Fußballfeld. In der Mitte durch einen Maschenzaun und

Stacheldraht abgeteilt, sah Marzik, wie einer der Posten in dem Wachtturm seinen Feldstecher auf den S-Bahnzug gerichtet hatte. Dann gab es noch eine zweite Mauer. Marzik erhaschte den Blick auf ein paar rußige Hinterhöfe, dann grüne Sichtblenden entlang der Strecke, bis der Zug in den Bahnhof Friedrichstraße einlief. Stefan Marzik war in Ost-Berlin.

Er ging die Treppe vom Bahnsteig hinunter, die Grenzübergangsstelle war in einer großen gekachelten Halle. Es roch nach Desinfektionsmitteln. Etwa fünfzehn Schalter mit schmalen Durchgängen und schräg angebrachten Spiegeln an den Seitenwänden dieser Schleuse. Warteschlangen vor den Schildern ›Einreise Bürger DDR‹, ›Einreise Bürger West-Berlin‹, ›Einreise Bürger BRD‹, ›Einreise Bürger anderer Staaten‹. Marzik stellte sich hinter einer Schulklasse an. Eine Menge Touristen unternahmen mit einem Tagesvisum einen Ausflug nach Ost-Berlin. Die Abfertigung ging schnell. Der Beamte starrte gleichmütig auf Marziks Paßfoto, schaute dann prüfend Marzik ins Gesicht, kassierte wortlos die fünf Mark Visumgebühr. Anschließend mußte er sich in einer zweiten Schlange anstellen, bekam seine 25 DM Mindestumtausch eingewechselt und spazierte unbehelligt durch den Zoll. Marzik hatte darauf geachtet, wie intensiv oder wie lasch die Kontrolle sein würde. Hätten sie ihn gründlich gefilzt, dann hätte der Ami das ganze Geld mit rüber nehmen müssen. Und das war ein Risikofaktor. Bei solch einer Summe wäre für den Ami die Versuchung zu groß gewesen, mit der Kohle durchzubrennen. Marzik würde also selbst soviel Geld dabeihaben, wie er unauffällig an seinem Körper bei sich tragen könnte, und dem Ami nur einen Teil überlassen. Am liebsten hätte Stefan Marzik das ganze Geld bei sich behalten, aber dazu hätte er eine Tasche oder einen Aktenkoffer gebraucht, und das würde die Zöllner mißtrauisch werden lassen. Jetzt hatten sie ihn wahrscheinlich deshalb nicht beachtet, weil er keinerlei Gepäck dabei hatte. Manchmal machten sie Stichproben, ob einer illegal Ost-Geld einführte, aber wenn sie Marzik die Taschen ausräumten und eine Riesensumme Westgeld fanden, war das kein Problem. Sie würden nur darauf achten, was er in Ost-Berlin mit diesem Geld anstellen würde, und wenn er dann die ganze Summe wieder mit zurückbrachte, konnten sie ihm nichts anhaben, von wegen Devisenvergehen oder so. Es gab kein Gesetz, daß jemandem vorschrieb, wieviel Bargeld er bei sich haben durfte. Wenn sie also tatsächlich auf seine Moppen stoßen würden, blieb ihm nichts anderes übrig, als die Summe ordentlich zu deklarieren, einen kleinen Spaziergang in Ost-Berlin zu unternehmen und einen neuen Anlauf für die Übergabe zu unternehmen. Dann mußte der Ami die Sache übernehmen.

Marzik ging die Friedrichstraße hinunter und bog Unter den Linden nach links ab. Berlins alte Prachtstraße, ziemliches Gewimmel auf dem Bürgersteig, ein paar Cafés, restaurierte Palastbauten, irgendwelche Behörden oder Museen darin, Marzik war es egal. Er lief quer über die breite Fahrbahn und stellte fest, daß sie mit ihren kleinen Trabant-Autos und den Wartburgs genauso agressiv fuhren wie im Westen. Vor dem Operncafé war ein Biergarten. Dort saß er, Marziks Kontaktmann und blätterte in der Zeitschrift Bildende Kunst. Das Erkennungszeichen. Marzik kramte ein Foto hervor und sprach den Mann an:

»Entschuldigen Sie, wissen Sie vielleicht , wo man dieses Bild sehen kann?«

Der Mann musterte eindringlich das Foto, und dann Marzik.

»Es hängt nicht im Museum«, sagte er.

»Das ist aber schade, ich hätte es gerne gesehen.«

Die Kennworte waren ausgetauscht, und Marzik fand,

daß Palenberg sich dazu einen absolut idiotischen Dialog ausgedacht hatte.

Marzik sah sich um. An den Nebentischen saß eine Reisegruppe, ältere Leute in beige-farbener Regenkleidung, einer hatte einen Witz erzählt und alle lachten. Sie tranken Berliner Weisse mit einem Schuß Himbeersirup, ein paar Tische weiter ein Bayer in Trachtenkleidung.

»Vielleicht können wir uns drinnen ruhiger unterhalten«, sagte der Mann zu Marzik. »Das Restaurant hat auch eine recht gute Küche.«

Das Garderobenfoyer erinnerte Marzik an sein Kindheit. Irgendwie die Gediegenheit der fünfziger Jahre. Marzik stammte aus kleinen Verhältnissen, sein Eltern hatten sich den Besuch vornehmer Cafés nicht leisten können, aber einmal hatte ein wohlhabener Onkel zum fünfzigsten Geburtstag die ganze Familie zum Kaffeetrinken ins Hotel Petersberg eingeladen, oder war es das Mittagessen? Stefan Marzik war damals acht oder neun Jahre alt gewesen, und er hatte noch eine verschwommene Erinnerung an diese Begebenheit, weil es ein herausragendes Ereignis gewesen war. Der Ausflug ins Siebengebirge, mit dem Borgward des Onkels.

»Sie müssen noch einen Augenblick warten«, sagte das Mädchen am Fuß der Treppe, die in kreisförmigem Schwung nach oben führte. Marzik wußte, daß man sich nirgendwo im Ostblock im Restaurant einfach an einen freien Tisch setzen oder auf den Oberkellner zusteuern konnte, sie ließen die Gäste im Eingang warten, und am Fuß der Treppe warteten schon zwei junge Pärchen.

Marziks Kontaktmann redete über Belanglosigkeiten. Er hatte einen leichten Berliner Akzent in seiner etwas kratzigen Stimme. Sein Alter war schwer zu schätzen, er konnte Mitte vierzig sein, aber auch schon Ende fünfzig. Sein kurzgeschnittenes, leicht welliges Haar hatte die Farbe gesprenkelten Marmors, er trug ein einfaches, gelb gestreiftes Sommerhemd, darüber einen blau-grauen Freizeitanzug, das Jackett wie ein Blouson geschnitten. Er war ein groß gewachsener, kräftiger Mann mit fleischigen, stark behaarten Händen, er hatte buschige Augenbrauen und ein Eckzahn war aus Gold.

Im Grillraum bekamen sie schließlich einen kleinen Tisch hinten an der hellgetäfelten Rückwand zugewiesen. Sie bestellten gebratene Ente mit Rotkohl und Kroketten, dazu Bier. Die Ente war schön knusprig, nur den Rotkohl hatten sie für Marziks Geschmack etwas zu sehr mit Schmalz zubereitet.

»Eigentlich habe ich nicht Sie erwartet«, sagte der Mann schließlich, »wieso kommt er nicht selbst, sondern schickt einen Mittelsmann?«

»Woher soll ich wissen, ob Sie nicht auch nur ein Mittelsmann sind?« konterte Marzik. Der Mann lächelte.

»Kommen wir zur Sache«, meinte Marzik nach einer kurzen Pause, »wie haben Sie sich die Übergabe vorgestellt? Ich muß das Ding vorher sehen.«

»Wir können mit meinem Wagen zu mir fahren. Ich habe oft Besuch, es würde nicht auffallen, wenn Sie in mein Haus kämen. In Hönow, ich fahre Sie auch wieder zurück.«

»Nee, nee, Mann, das ist doch schon außerhalb von Berlin. Sie wissen doch, daß mein Tagesvisum nur für's Stadtgebiet gilt. Ich hab absolut keinen Nerv auf Theater, wenn wir hinter der Stadtgrenze in eine Vopo-Kontrolle geraten!«

»Mit mir kämen Sie in keine Kontrolle. Aber wieso wollen auch Sie noch die Ware vorher prüfen? Ich denke, nun, wie soll ich sagen, mein Geschäftspartner hat die ganze Prozedur schon abgeschlossen und Sie nur zur Abklärung der letzten Details geschickt, was ja wohl schlecht per Telefon oder Post vorgenommen werden könnte. Ich muß darauf bestehen, daß es keine weiteren Kontakte mehr gibt, auch keine weiteren Mittelsmänner. Am liebsten wäre mir eine Abwicklung über zwei tote Briefkästen. Im einen wird die Ware deponiert, im anderen zeitgleich das Geld. Dann begibt sich jeder zu dem Ort, wo er seine Sache abholt. Die Gefahr, daß dabei etwas schief läuft, ist geringer, als bei einer direkten Begegnung in flagranti aufzufliegen.«

Marzik schob seinen leer gegessenen Teller beiseite, winkte dem Kellner, um sich noch ein Bier zu bestellen.

»Wieso sollte die Sache auffliegen? Es sei denn, die Jungs vom Stasi waren Ihnen von Anfang an auf den Fersen.«

»Ach, über unseren Staatssicherheitsdienst werden bei Ihnen viel zu viele Horrormärchen verbreitet. Gut, die haben mehr als 20 000 hauptamtliche Mitarbeiter, aber glauben Sie, damit könnte man jeden Schritt von 17 Millionen Einwohnern lückenlos überwachen? Natürlich haben sie auch meine beruflich bedingten West-Kontakte registriert, aber das hat überhaupt nichts zu bedeuten. Ich versuche nur für mich Vorsichtsmaßnahmen zu treffen, daß es keine Spur gibt, die auf mich weist. Und ich werde diese beiden toten Briefkästen so auswählen, daß sie absolut narrensicher sind. Und bedenken Sie bitte auch, daß vorgesorgt sein muß, daß keiner den anderen hereinlegt...«

Er zog ein goldenes Zigarettenetui hervor.

»Mögen Sie? Spezial-Import aus Bulgarien. Bester mazedonischer Tabak. Wir können uns auch kubanische Zigarren bestellen.« Marzik nahm eine Zigarette. Sie schmeckte stark und würzig.

»Wenn Sie Angst vor einer Bescheiß-Nummer haben, gibt es nur eine Möglichkeit«, meinte Marzik und blies den Rauch durch die Nase aus. »Wir müssen uns doch noch einmal treffen, ich schaue mir an, ob es auch die richtige Ware ist, und Sie zählen den Zaster nach.«

»Ach, übrigens, ich hätte das Geld gerne in US-Dollar.«

»Dollar? Mit DM haben Sie es doch hier in der DDR viel einfacher!«

Der Mann lächelte nachsichtig.

»Oh, nein, lieber Freund. Ich kann eine solche Summe doch nicht einfach zur Bank tragen, ohne ihre Herkunft nachzuweisen. Und wenn ich es in bar behalte, wird es in einigen Monaten wertlos sein. Die Deutsche Bundesbank in Frankfurt wird in Kürze neue Geldscheine ausgeben. Neue Motive. Irgendwann werden die alten Scheine verfallen, nach einer Übergangszeit. Und ich werde eine solche Summe nicht so schnell ausgeben können, bis diese Geldscheine ungültig sind.«

Nachdem sie das Restaurant verlassen und sich voneinander verabschiedet hatten, wartete Marzik, bis der Mann in seinem Wagen gestiegen und abgefahren war. Ein älteres Volvo-Modell. Marzik spazierte Richtung Marx-Engels-Platz, er kam am Palast der Republik vorbei und am Dom, ein riesiger Barockbau. Am Alexanderplatz war er sicher, daß ihm niemand folgte. Terrassenähnlich angelegte Blumenbeete mit Stiefmütterchen, Springbrunnen, der Fernsehturm, Passagen mit Imbißständen, die Atmosphäre war nicht viel anders als in Köln auf der Domplatte, überall auf der Welt waren die Orte gleich, zu denen sich Touristen hingezogen fühlten. Und die Häuserblocks dahinter sahen genauso trostlos aus wie in Köln die Sozialbauviertel von Chorweiler, acht- oder neunstöckige Gebäudemaschinen, Behausungen nach dem Diktat der Vernunft und der Zweckmäßigkeit. Marzik hatte lange Zeit in solchen Häusern gewohnt und er hatte die Anonymität dort geschätzt. Daß ein Architekturkritiker solche Gebäude einmal mit Legebatterien für Hühner verglichen hatte, fand er übertrieben.

Er löste für 20 Pfennig einen Fahrschein für die U-Bahn

und nahm die Linie nach Pankow. Die orange-farbenen Waggons mit den schweißriechenden Kunstlederbänken an den Seitenwänden waren die gleichen wie in West-Berlin. Die Bahn tauchte aus der Dunkelheit des Tunnels und rumpelte über eine Hochbahn-Überführung in der Mitte der Schönhauser Allee. Nach drei Stationen an der Dimitroffstraße stieg Marzik aus. Unter den Eisenträgern der Bahnbrücke war eine Würstchenbude, ein uniformierter Volkspolizist kaute an einer dicken, qualligen Bockwurst, neben sich einen Plastikbecher mit Bier. Sieh an, die saufen auch im Dienst, dachte Marzik.

Er war hier im Viertel Prenzlauer Berg, und dort war das alte Berlin noch viel authentischer als in Kreuzberg. Staubige Altbauten mit bröckeliger Fassade, an einigen noch Einschußlöcher aus dem letzten Weltkrieg, kleine muffige Geschäfte, die Schilder über den Läden in altmodischem Schriftzug. Hier hieß es noch Frisiersalon und nicht Hair-Designer. Ein Schaufenster mit Zubehör und Ersatzteilen für Fahrräder und Mopeds vollgepackt, im Laden daneben Fernsehapparate für 5000 Mark das Stück. Marzik blieb nur deshalb vor den Geschäften stehen, weil er in der Spiegelung der Fensterscheiben einen möglichen Verfolger hätte ausmachen können. Er musterte die Menschentraube, die vor einem Obstladen stand, konnte aber nichts Verdächtiges entdecken.

Die Kneipe fand er sofort, ein Stückchen die Dimitroffstraße hinunter. Bierstube stand da, und neben der Eingangstür ein langes schmales Schild aus Buntglas mit dem Berliner Bären und einem Brauereinamen. Vorne im Thekenraum nur drei oder vier Stehtresen, an denen sich stämmige Männer mit erhitzten Gesichter drängelten.

Marzik ging in den Gastraum nebenan, vier oder fünf Tische mit speckigen Plastikdecken, an den Wänden vergilbte

Wohnzimmertapeten, an einigen Stellen abgerissen. Auch das weiße Jackett des Kellners war ziemlich schmuddelig.

»Na, Atze, alles klar?« sagte der Kellner, als er ein Bier vor Marzik hinstellte.

»Countdown läuft«, antwortete Marzik.

»Det is jut«, sagte der Kellner, »dicke Rakete, wa?«

»Ganz dicke sogar.«

Niemand von den Besoffenen achtete auf diesen Dialog. Eine völlig harmlose Flachserei zwischen Kellner und Gast, typisch berlinerische Schnoddrigkeit. Aber der Kellner hatte die Botschaft verstanden.

2.

Ein Jogger, der hechelnd und schnaufend über den Wanderweg gestampft war, hatte die Leiche entdeckt. Frühmorgens, als es noch ziemlich kühl war, Wiesen und Laub noch feucht vom Tau, und beim Dauerlauf quoll selbst zu dieser sommerlichen Jahreszeit die kalte Atemluft aus dem Mund wie aus einem Hochofenschlot.

Der Tote trug einen Kampfanzug der US-Armee, und der Reporter war so pfiffig gewesen, den Jogger zu fragen, wieso er die Leiche da am Rande des Parkplatzes überhaupt entdeckt hatte, zwei oder drei Meter von der Abfalltonne entfernt, die genau da stand, wo der Wanderweg vom Parkplatz abging. Denn immerhin hatte der Kampfanzug Tarnfarben, und der Tote lag in dem bräunlich zerkrüselten Laub vom letzten Jahr.

»Es war doch schon taghell gewesen«, hatte der Jogger geantwortet, »und ich sah da irgendwas liegen. Zuerst dachte ich, da haben sie wohl wieder mit der Abfalltonne rumrandaliert und alles ausgekippt, doch dann hab ich gesehen: oh, Gott, das ist ja ein Mensch.«

Der Tote hieß Terry Boyle, er stammt aus irgendeinem Nest im Mittelwesten der USA, aus South Dakota, eine Gegend, in der es nur Weizenfelder gab und sonst nichts. Er war 34 Jahre alt, Sergeant bei der US-Army, Berufssoldat, und schon seit einiger Zeit in West-Berlin stationiert. In Zehlendorf in der McNear-Kaserne, nicht weit vom amerikanischen Hauptquartier in der Clayallee. Seine Personalakte war absolut sauber. Im Zeitungsartikel wurde erwähnt, daß er offenbar mit einem stumpfen Gegenstand erschlagen worden war, der Täter hatte ihm mit ziemlicher Brutalität eins über die Mütze gezogen. Spuren gab es keine, die Polizei hatte routinemäßig Gipsabdrücke von allen Reifenprofilen genommen, denn der Täter war wohl höchstwahrscheinlich mit dem Auto abgehauen. Hier vom Fundort der Leiche am Rande des Grunewalds war die nächste Haltestelle ein ziemliches Stück entfernt, und außerdem mußte sich die Tat nachts zu einem Zeitpunkt ereignet haben, als gar keine öffentlichen Verkehrsmittel mehr fuhren.

Raub schied als Motiv offenbar aus, denn der Tote hatte seine sämtlichen Papiere bei sich. Und sein Geld, US-Dollar und DM, zusammen knapp 400 Mark, und außerdem über 900 Mark in ostdeutscher Währung.

Und dieses ostdeutsche Geld gab der Sache einen komischen Kick. Denn kaum war der Mord von den Zeitungen ausgewalzt worden, da machten die DDR-Behörden sofort ein Riesen-Theater. Ganz offensichtlich hatte dieser amerikanische Feldwebel seinen Status als Angehöriger der alliierten Schutzmächte in Berlin zu Verstößen gegen die Devisenbestimmungen ausgenutzt. Bei einer Ost-Berliner Bank hatte er die Kohle jedenfalls nicht legal eingetauscht, das hatte sich leicht nachprüfen lassen. Der amerikanische Stadtkommandant wies dererlei Anschuldigungen zurück: es stehe keinesweg fest, daß Sergeant Boyle kurz vor seinem Tod tatsächlich in Ost-Berlin gewesen war und dabei Ost-Geld über die Sektorengrenze geschleppt hatte, oder daß er kurz vor seinem Tode dieses Geld an einer West-Berliner Wechselstube eingetauscht hatte, um damit in den Osten zugehen.

Doch der Reporter hatte seiner Schilderung des Falles den Anstrich eines Politikums gegeben. Da die Ein- und Ausfuhr von Landeswährung nach den Gesetzen der DDR strengstens untersagt war, sah es für jedermann, der sich darüber hinwegsetzte und erwischt wurde, verdammt ungemütlich aus. Doch die Angehörigen der Alliierten Streitkräfte hatten einen Sonderstatus in der geteilten Stadt. Sie durften von den DDR-Beamten nicht angehalten und kontrolliert werden, wenn sie die Sektorenübergänge passierten. Rund 12 000 amerikanische Soldaten hockten in West-Berlin, und manch einer von ihnen nutzte die Gelegenheit, in der Wechselstube an der Kantstraße, unweit vom Kurfürstendamm, DM oder Dollar gegen Ost-Geld einzuwechseln, neunmal besser als der offizielle DDR-Kurs. Damit konnte man dann halb Ost-Berlin leerkaufen, eine komplette Campingausrüstung oder auch supergute Elektroartikel für ein paar lumpige Dollar, das Zeug ohne die geringsten Probleme in den Westen karren, an den Augen der machtlosen DDR-Grenzer vorbei.

Der Jogger hatte die Polizei per Notruf alarmiert, und die West-Berliner Kriminalpolizei war auch als erste am Tatort gewesen. Aber dann hatte sehr schnell die amerikanische Militärpolizei ihren deutschen Kollegen den Fall aus der Hand genommen. So war es auch im Berlin-Statut festgeschrieben. Der Reporter ließ durchblicken, daß auch die Nachrichtendienste der Alliierten mitmischten. Allen war noch der Fall jenes DDR-Agenten Jörg Wolke frisch im Gedächtnis, der sich als angeblicher Angestellter einer DDR-Firma an einen amerikanischen Sergeanten herangemacht hatte. Der DDR-Fritze war auf alle Informationen über die US-Frühwarnstation am Rande des Grunewalds scharf, eine Apparatur, mit der sich angeblich sämtlicher Funkverkehr bis zur Ostgrenze Polens abhören ließ. Acht oder neun Mal hatte sich der Soldat mit seinem Anwerber getroffen und dabei jedes Mal mehrere tausend Dollar kassiert, aber schließlich seinen Sicherheitsoffizier informiert. So konnten der amerikanischen Abwehr schließlich neben dem Stasi-Mann noch drei russische Offiziere und ein sowjetischer Botschaftssekretär in die Falle laufen. Natürlich waren sie im US-Hauptquartier jetzt wieder verdammt nervös, denn der Fundort der Leiche von Terry Boyle war nur zwei Kilometer Luftlinie vom militärischen Sperrgebiet am Grunewald entfernt.

Drei Tage lang beherrschte der Fall die Schlagzeilen, obwohl die Amis versuchten, so viel wie möglich aus den Zeitungen rauszuhalten. Und je weniger über die Ermittlungen bekannt wurde, desto wüster wurden die Spekulationen in der Presse. Die konservativen Blätter hielten sich an die Vereinbarung einer Nachrichtensperre, aber die linken Gazetten kochten die Sache erst richtig hoch. Sie ergriffen die Gelegenheit beim Schopf, um das Geheimdienstgewerbe als schmutziges Geschäft darzustellen und forderten eine stärkere parlamentarische und öffentliche Kontrolle der Dienste. Der Gedanke, daß diese Apparate quasi einen Staat im Staate bildeten und ungehindert im trüben fischen konnten, erschien den Kommentatoren unerträglich, schließlich hatte es in jüngster Zeit auch einige Skandale über die unberechtigte Observierung der politischen Opposition in West-Deutschland gegeben, sogar über Bundestagsabgeordnete der Grünen hatte man geheime Dossiers angelegt. Natürlich wurde hier einiges grob miteinander vermengt. Eine Tatsache schien für die Presse jedoch festzustehen: den Russen konnte man den Tod des Terry Boyle diesmal nicht in die Schuhe schieben. Seit Moskau auf Reformkurs gegangen war, taugte der KGB nicht mehr als Feindbild wie in früheren Zeiten. Zwar wußte jeder, daß das Komitee Gosudarstwennoi Bezopasnosti und auch der militärische Nachrichtendienst GRU in der Zeit der Entspannungspolitik ihre Aktivitäten eher noch verstärkt hatten, aber nur auf den Gebieten der Ausspähung und der Desinformation. Jene Operationen, die in der Zentrale als ›mokrie dela‹ als ›Naße Sachen‹ bezeichnet werden, also politische Morde, Liquidationen und Entführungen, mochten auch nach Stalin noch in der Epoche des Kalten Krieges angewendet worden sein, waren aber inzwischen längst eingestellt.

Ich hatte jeden Morgen im Café Central, wo ich meinen Frühstückscafé zu schlürfen pflegte, die Berichterstattung über den Mordfall Terry Boyle mit Interesse verfolgt. Die Zeitungslektüre ist ein Ritual, dem ich hier im Café jeden Tag ausgiebig fröne, manchmal brauche ich zwei Stunden, alle vier oder fünf Zeitungen durchzuackern, die hier am Garderobenhaken neben dem Eingang aushängen, mit dem Zischen und dem Duft aus der Espresso-Maschine als Kulisse. Eine Erwähnung hatte mich stutzig gemacht, nur ein kleiner Hinweis, der im allerersten Bericht des Reporters auftauchte, als er den Jogger interviewt hatte und aufzählte, was man bei dem Toten gefunden hatte: nämlich auch die fotografische Reproduktion eines Gemäldes von Daniel Silberberg.

Man schenkte dem keine weitere Beachtung, offenbar war für die Ermittler dieses Foto von einem expressionistischen Bild nicht weiter aufschlußreich als ein abgerissenes Kino-Billett. Doch mir kam das eigenartig vor. Von Beruf bin ich Kunstkritiker, und ich bin Silberberg-Experte, ich habe über diesen Maler meine Doktorarbeit geschrieben. Zwischen den beiden Weltkriegen galt Daniel Silberberg als einer der bedeutensten Vertreter des Expressionismus und einer frühen abstrakten Malerei. Er stammte aus Hamburg, Sproß einer jüdischen Kaufmannsfamilie, und 1933 hatten die Nazis ihm seine Malerei verboten und sämtliche seiner Werke als ›entartete Kunst‹ aus den Museen entfernt. Heute gelten die meisten seiner Bilder als verloren und verschollen, und ich ärgerte mich, daß in dem Artikel überhaupt nicht angedeutet wurde, um welches Bild von Silberberg es sich bei Terry Boyles Hinterlassenschaft gehandelt hatte. Ich wußte, daß die Berliner Nationalgalerie nur einen einzigen Silberberg besaß. Wenn dieser US-Soldat sich eine Postkartenproduktion von genau diesem Bild in die Jacke gestopft hatte, gab es eine harmlose und schlüssige Erklärung. Aber sonst... ich beschloß, Dr. Hagenbusch anzurufen.

3.

Klaus Palenberg zupfte an der Schnur der Fenster-Jalousien und schaute gedankenverloren auf den Barbarossaplatz. Ein Schwarm johlender Vierzehnjähriger mit grellbunten Schultaschen kam aus dem McDonalds herausgestürmt und versuchte, noch die Straßenbahn zu erreichen. Den Spurt quer über die Fahrbahn quittierten die Autofahrer mit abruptem Bremsenquietschen und wütendem Hupen. Es herrschte stickiges, schwüles Sommerwetter, alle waren launisch und gereizt, und auch für Klaus Palenberg war es ein ziemlich beschissener Tag. Er starrte mißmutig auf den langgestreckten Bau auf der anderen Seite des Platzes, die frisch renovierte Fassade war schon wieder vollgedreckt, zugeklebt mit Straßenstaub und dem Ruß der Autoabgase. Rechts die Sparkasse, und auf der linken Seite das McDonalds. Dazwischen der Eingang zur ehemaligen Vorortbahn nach Bonn. Jetzt eine nutzlose Halle mit ein paar kleinen Lädchen, ein Ort der Vergessenheit, den Klaus Palenberg nur sehr widerwillig betrat, um sich am Kiosk ein paar Wirtschaftszeitungen zu kaufen, die er nicht per Abonnement beziehen konnte.

Er war etwas über vierzig, hatte einen drahtigen, durchtrainierten Körper, dem er regelmäßig Saunabesuche und Tennisspiele gönnte, und außerhalb des Tennisplatzes sah man ihn selten anders als in teuren, silbergrau schimmernden Anzügen italienischen Schnitts. Sein dunkelblondes, flaumweiches Haar war über der Stirn, an den Schläfen und am Hinterkopf schon stark gelichtet, dagegen half auch nicht das exquisite japanische Haarwasser aus dem Extrakt einer exotischen Wurzel, das sich Palenberg jeden Morgen in die Kopfhaut einrieb. Palenbergs Gesichtsausdruck war nichtssagend. Nur wenn er die dünnen Lippen zu einem Bleistiftstrich zusammenpreßte, wobei die Mundwinkel in tiefe Furchen ausliefen, vermittelte seine Mimik den Eindruck von Willensstärke und Entschlossenheit.

Das blankpolierte Schild unten in der Eingangshalle neben dem Optiker-Laden verhieß schlicht: Diplom-Volkswirt Klaus Palenberg, Finanzierungsberatung, 5. Etage. Damit war über Palenbergs berufliche Tätigkeit alles gesagt. Er kümmerte sich um Leute, die zuviel Geld hatten und nichts damit anzufangen wußten, außer daß sie den Wunsch hatten, noch mehr Schotter einzustreichen. Und er kümmerte sich um Leute, die eine grandiose Idee hatten, aber nicht das nötige Kleingeld, sie in die Tat umzusetzen.

»Ein Herr Marzik wünscht Sie zu sprechen.« Die verzerrte Stimme der Vorzimmerdame quäkte aus dem kleinen Lautsprecher und riß Palenberg aus seinen Gedanken. Noch ehe er sich vom Fenster abgewandt und die Gegensprechanlage erreicht hatte, um etwas zu erwidern, kam Stefan Marzik auch schon ins Zimmer gestolpert.

»Tagchen, Alter. Ich wollte deinen Laden hier ja immer schon gerne mal kennenlernen. Man muß schon sagen, du hast es hier ja verdammt flott, sieht wirklich nicht aus, wie bei der Heilsarmee. So'n schicker Laden wirft wohl auch 'ne Menge ab, was?«

Marzik beglotzte ungeniert Palenbergs erlesene Büroeinrichtung. Die Schreibtischplatte hatte die Form des Querschnitts durch einen überdimensionalen Apfel, schwarzpoliert. Alle Tische sahen hier aus wie eine Apfelscheibe. Die Konferenzstühle wippten auf blauen Stahlrohrfedern, die Regalschränke hatten Milchglastüren, ein bißchen wie beim Zahnarzt. Teures Design, das nicht nur demonstrieren sollte, daß Klaus Palenberg einen guten Geschmack hatte, sondern auch zögernde Kunden und zweifelnde Geschäftspartner beeindrucken sollte. Denn diesen High-style-Kram konnte sich nur jemand leisten, dessen Geschäfte supergut liefen. Solches Ambiente flößte Vertrauen ein.

Bei Typen wie diesem Marzik war aber eher das Gegenteil der Fall. Palenberg hatte zwei Gründe, diesen Kerl mit den Allüren eines Straßenschlägers weder hier im Büro noch in seiner Penthousewohnung in Lindenthal treffen zu wollen: zum einen wollte er vermeiden, daß Marzik die soziale Distanz zwischen ihnen spürte und aufgrund seines Sozialneids anfing, Mätzchen zu machen, zum anderen wollte er vermeiden, daß seine Mitarbeiter im Büro, immerhin acht an der Zahl, zu tuscheln anfingen, wenn eine Figur wie Marzik hier auflief.

In seiner optischen Erscheinung und in seinem Auftreten war Stefan Marzik nämlich genau das Gegenteil von Klaus Palenberg. Ein ungehobelter Bursche in den Dreißigern mit einem aufgeschwemmten, ungesunden Gesicht, dunklen Schatten unter den Augen und einem kratzigen Dreitagebart. Er hatte speckige Locken, vorne über der Stirn und an den Ohren kurz geschnitten, hinten lang auf die Schultern fallend. Unter seiner Lederjacke trug er ein schwarzes T-

Shirt, das in grellen Neonfarben bedruckt war, das Motiv zeigte einen Totenkopf mit Kapuze. Marziks Beine steckten in enganliegenden Lederhosen, glänzend und abgetragen, an den Füßen hatte er ausgetretene Cowboystiefel mit schiefen Absätzen.

»Wieso kommst du hierher?« zischte Palenberg unfreundlich. »Bist du verrückt geworden? Wir hatten ausdrücklich vereinbart, daß du mich auf gar keinen Fall hier in meiner Niederlassung aufsuchst!«

»Jetzt red keinen Scheiß, Klaus«, sagte Marzik schroff und lümmelte sich in das weiße Ledersofa in der Besucherecke. »Ich hab 'n paar Mal bei dir angerufen, und deine Telefonmieze hat immer nur rumgeflötet, du hättest gerade eine wichtige Besprechung. Nee, Klaus, nicht mit mir, so einfach laß ich mich nicht verarschen. Glaub bloß nicht, du könntest mich einfach so mir nichts dir nichts abwimmeln. Jetzt wird die Berlin-Sache klar gemacht, deswegen sitz ich hier!« Palenberg nahm hinter seinen Schreibtisch Platz, der psychologisch wie räumlich eine gute Barriere zu Marzik war. »Die Berlin-Sache! Sag bloß, du bist in diesem Rocker-Aufzug nach Ost-Berlin rüber!«

»Klaus, du bist ein gottverdammter Spießer, ein blöder Otto. Wie ich rumlaufe, kann dir scheißegal sein, und wenn ich einen Job zu erledigen habe, weiß ich selbst, ob ich das in der Badehose mache oder mit Schlips und Kragen. Da laß ich mir von dir nicht reinreden, ist das klar? Ich kann sogar mit Messer und Gabel essen, wenn's sein muß. In Ost-Berlin hab ich mit diesem Typen ganz gesittet gespeist, dabei mit ihm verhandelt, und er hat letztlich alle meine Bedingungen akzeptiert, wie das Ding laufen muß.«

Palenberg hatte Stefan Marzik kennengelernt, als dieser für ein Inkasso-Büro arbeitete, das bei säumigen Zahlern die Schulden mit Methoden eintrieb, die wohl kaum den Beifall von Amnesty International gefunden hätten. Er hatte dann Marzik als Leibwächter engagiert, als ein früherer Geschäftspartner, den Palenberg in die Pleite getrieben hatte, wüste Drohungen ausgestoßen hatte. Nach und nach war Palenberg draufgekommen, daß sich Marziks Talente gut für heikle Missionen einspannen ließen, ob er nun einen illegalen Grenzgänger benötigte, oder ob er einen Schutzengel brauchte, wenn er mit Leuten zusammenkam, die Schwarzgeldgeschäfte lieber mit gezogener Pistole in Hotelzimmern abwickelten. Und wenn Klaus Palenberg eine Party schmiß und seine Gäste nicht nur mit Champagner in Magnum-Flaschen verwöhnen wollte, war es Marzik, der für ihn dann ein oder zwei Tütchen Kokain heranschaffte.

»Ich wollte dich nicht hinhalten«, sagte Palenberg leise. »Du weißt, daß du dich auf mich verlassen kannst. Bis jetzt haben wir doch alle Geschäfte zusammen reibungslos abgewickelt gekriegt, oder nicht? Aber dieser tote Ami in Berlin... ich war vielleicht entsetzt, als ich das in der Zeitung gelesen habe! Das war doch der Ami, den du unbedingt dabei haben wolltest, nicht wahr?«

Marzik fingerte eine Zigarette aus einem zerknüllten Päckchen, und Palenberg sagte nichts dazu, obwohl sonst in seinen Räumen grundsätzlich nicht geraucht wurde. Er übersah auch, daß Marzik die Zigarettenasche im Untersatz der Blumenvase abstreifte, weil es keinen Aschenbecher gab.

»Klaus, ich hab dir hundertmal erklärt, wieso wir unbedingt den Ami als Kurier brauchten«, sagte Marzik. »Nur er konnte unkontrolliert über die Grenze gehen. Oder hättest du etwa vorgehabt, einen Tunnel unter der Mauer durchzugraben, so tief, daß die Sensoren an den Wachanlagen nicht mehr reagieren?«

»Aber wir haben diesen Ami jetzt als Toten am Hals! Das ändert die ganze Situation. Erst mal muß das Projekt auf Eis gelegt werden. Selbstverständlich kriegst du deinen Anteil, aber erst, wenn ich das Geschäft abgewickelt habe. Es ist nicht meine Schuld, daß sich das Ganze nun in die Länge zieht. Aber als dieses Foto in den Zeitungen erwähnt wurde... Mensch, Stefan, die Sache ist ganz schön vermasselt worden!«

»Aber nicht von mir! Langsam, Alter, langsam. Versuch bloß nicht, mich abzuschmieren. Ich hab den Ami nicht umgebracht, damit hab ich nichts zu tun, das schwör ich dir. Meinst du, ich bin total abgedreht? Ich schaff dir mal ein paar Nasen Koks ran, ich geb auch mal einem, der nicht richtig spurt, eins aufs Maul. Aber Mord? Nee, Klaus, das ist nicht meine Kiste, absolut nicht. Ich warne dich: versuch bloß nicht, mir was anzuhängen! Und wenn die Geheimdienst-Fuzzis mit ihren Ermittlungen oder die Bullen uns auf die Pelle rücken, hängst du genauso mit drin, vergiß das nicht. Glaub bloß nicht, ich würde das alles ausbaden müssen. Vielleicht kommen sie dir sogar eher auf die Schliche als mir...«

»Stefan, bitte nicht so laut.« Palenberg starrte mißmutig auf seinen Handlanger, der sich eine zweite Zigarette anzündete, so, als ob er Palenberg damit provozieren wollte.

»Der Amerikaner ist jetzt tot«, sagte Palenberg ruhig. »Und wenn du ihn nicht umgebracht hast, wer war es dann?«

»Weiß ich doch nicht. Er wird sich irgendwo rumgetrieben haben, einer hat ihn abgemurkst und seine Leiche in den Wald gekarrt.« »Nein, es heißt, er sei genau dort im Grunewald erschlagen worden. Seine Leiche wurde nicht nachträglich dorthin geschafft. Hast du eigentlich ein Alibi für diese Nacht, Stefan? Falls man dich fragt...«

Marzik sprang wütend auf.

»Was willst du damit sagen? Ich hab in 'ner Kneipe am Savignyplatz ein paar Bier getrunken, Zwiebelfisch hieß das Ding, kann mich noch an den Namen erinnern. Und dann hab ich mich im Hotel knacken gelegt. So, dann soll mir mal einer nachweisen, wie ich das Hotel heimlich verlassen habe, in den Grunewald gefahren bin, gut eine halbe Stunde oder so vom Hotel entfernt, den Typ umgenietet habe, und wieder zurück gekommen bin, ins Hotel. Nee, Klaus, da kann mir keiner einen reinwürgen, ich hab 'ne absolut weiße Weste.«

»Aber man muß dich doch in Berlin zusammen mit diesem Amerikaner gesehen haben!«

»Klar. Ich hab ihn in seiner Kaserne angerufen, der Anruf ist wohl auch registriert worden. Die Junggesellen wohnen alle in einer Kaserne, nur die Offiziere mit Familie haben eine eigene Bude in so Reihenhaussiedlungen. Terry hat sich gefreut, mich wiederzusehen. Hat mich zu einer Party von einem seiner Kameraden in einer dieser Siedlungen mitgeschleppt. Die Argentinische Allee runter, und dann irgendwo rechts rein. Lauter Amis auf der Party, und ich war der einzige Deutsche. Aber das war vier oder fünf Tage vor seinem Tod, direkt am ersten Abend, als ich in Berlin ankam...«

Palenberg holte tief Luft.

»Dann ist es ja wohl nur eine Frage der Zeit, bis sie bei den Überprüfungen auf dich stoßen.«

»Quatsch. Kumpel aus alten Tagen. War zufällig in Berlin, haben zusammen gesoffen. Wieso soll mir einer daraus einen Strick drehen?«

»Kumpel aus alten Tagen. Woher kanntest du ihn denn?«

»Aus meiner Zeit als Dealer. Ich hing mal eine Zeitlang in Berlin rum und hab ihn da in Kreuzberg in einer Kneipe kennengelernt. Ist an sich nicht typisch, denn Amis bleiben ziemlich unter sich. Leben da in Berlin in einem richtigen Ghetto. Aber Terry hat auch gedealt und seinen Stoff in den Kreuzberger Punkkneipen abgesetzt...«

»Und wenn dich die Polizei fragt, woher du ihn kanntest?«

»Ach, von irgend so einem deutsch-amerikanischen Freundschaftstreffen. Die machen da manchmal so komische Tage der Begegnung, da fällt mir schon eine Ausrede ein.«

»Und mit euren Drogengeschichten seid ihr nie aufgefallen?« »Ach was. Terry hatte einen Kumpel drüben in den Staaten, der organisierte astreines mexikanisches Gras. Der Kumpel war in der Versorgungsabteilung der Army und packte den Stoff unter die Post- und Nachschubsendungen für die GIs in Berlin. Ließ sich die dollsten Verstecke und Tarnverpackungen einfallen. War ziemlich gewagt, ging aber gut. Dann wurde der Kumpel auf einen anderen Posten versetzt, und Terry hatte eine andere Quelle aufgerissen. Wir bezogen das Zeug nun über einen amerikanischen NATO-Stützpunkt in der Türkei. Grünen Türken, astreines Haschisch. Terry und ich waren für den Vertrieb in Berlin zuständig. Gut anderhalb Jahre haben wir diese Deals durchgezogen, und als wir merkten, allmählich wird die Kiste zu heiß, sind wir rechtzeitig ausgestiegen. Nie was passiert, da kannst du absolut beruhigt sein.«

»Das könnten wir beide tatsächlich, wenn sie bei dem Toten nicht das Foto mit dem Bild gefunden hätten. Warum hast du Idiot ihm das Foto überlassen? Dein Kurier hätte doch nicht mit bloßen Augen erkennen können, ob wir das Original oder eine Fälschung geliefert kriegen. Es wäre überhaupt nicht seine Aufgabe gewesen, die Lieferung zu identifizieren, das wäre deine Sache gewesen. Und ich war auch von Anfang an dagegen, daß er mit dem ganzen Geld...«

»Klaus, jetzt hör endlich auf! Es war ausgemacht, daß er allein mit dem Geld durch den Checkpoint geht und mit dem Bild zurückkommt. Ich hab ihn natürlich im Auge behalten. Und ich will dir mal eins sagen: du hattest doch überhaupt keine Idee, du hattest doch viel zu viel Schiß, selber in den

Osten rüberzugondeln. Ich mußte alles planen, alles anleiern, alles durchziehen. Du hast nur die Kohle besorgt und ansonsten hier auf deinem müden Arsch rumgehockt, und dabei deiner Vorzimmermieze auf die Titten gestarrt. Du kannst mich mal, Klaus!«

Palenbergs Lippen waren zu einem bleistiftdünnen Strich zusammengezogen. Und sein Hirn arbeitete fieberhaft. Er mußte dafür sorgen, daß ihm Marzik nicht aus dem Ruder lief. Davor, daß Marzik in seiner Wut die Bude kurz und klein schlagen könnte, hatte er keine Angst. Das war noch die geringste Unannehmlichkeit.

»Stefan, wenn dieses Bild jetzt irgendwo auftaucht, kann sich jeder eins und eins zusammenzählen. Ich hab keine Lust, wochenlang verhört zu werden und von den Zeitungen einen ganzen Müllwagen über mich ausgießen zu lassen. Selbst wenn wir aus dieser Mordgeschichte heil rauskämen, wäre ich durch negative Schlagzeilen geschäftlich erledigt. Und vergiß nicht, daß wir bezüglich des Bildes auch so jede Menge Anklagepunkte am Hals hätten, Zollvergehen und Steuerhinterziehung wäre noch das Harmloseste. Wir verhalten uns erst einmal absolut ruhig und warten ab. Und du läßt dich auch in nächster Zeit nicht auf irgendwelche Drogengeschichten ein, ist das klar?«

Marzik machte eine abwehrende Handbewegung.

»Keine Panik, ich hab nie was bei mir zu Hause rumliegen. In Sachen BTM bin ich für die Bullen absolut sauber.«

BTM war die Abkürzung für Betäubungsmittelgesetz. Tatsächlich hatte Marzik immer Schwein gehabt, schon damals, als er gerade seine Lehre abgebrochen hatte und nachts auf dem Ring stand, im Eingang vom Lovers Club, ein paar Turnpiece Dopes und ein paar LSD-Trips in der Tasche. Wenn eine Razzia angesagt war, hatte er das Zeug immer noch rechtzeitig abwerfen können, in ein Kellerfenster oder ins Klo vom Lovers Club. Von harten Sachen hatte er immer die Finger gelassen, das Zeug nahm er nicht, und damit dealte er auch nicht. Weniger aus moralischen Gründen oder aus vernünftiger Einsicht, sondern aus einer Instinkhaltung heraus. Eine Ausnahme machte er nur, wenn er für Palenberg und seine Schickeria-Fritzen Koks auftreiben sollte.

»Ich will meinen vollen Anteil, Klaus. Nicht jetzt sofort, aber demnächst. Wie abgemacht. Wie du das gedreht kriegst, ist deine Sache. Und wenn du die Hosen voll hast, dann laß deine Kacke eben am Stuhl festkleben und deinen Arsch gleich mit. Dann mußt du dich eben damit abfinden, dich mit diesem Projekt gründlich auf den Bart gelegt zu haben. Ich tue das nicht. Ich steh wieder bei dir auf der Matte, vergiß das nicht.«

4.

Dr. Erich Hagenbusch war Notar und hatte eine Villa am Bayenthalgürtel. Ein solider Klotz aus der Zeit um 1910 mit großzügig angelegtem Vorgarten und mit einer kiesbestreuten Garagenzufahrt. Rosensträucher und Ziertannen an den verschnörkelten Gitterzäunen, die Hagenbuschs Areal zu den beiden Nachbargrundstücken abgrenzten. Das Haus war zweistöckig und hatte eine frisch gestrichene gelbe Fassade und lackig-weiße Fensterläden. Neben der Tür prangte ein weißes Emailleschild mit dem Wappen von Nordrhein-Westfalen und der Aufschrift ›Notar‹.

Als Dr. Hagenbusch mich zu sich bestellt hatte, dachte ich zuerst, irgendein Erbonkel, von dem ich noch nichts wußte, hätte mir eine Riesen-Erbschaft hinterlassen, aber Dr. Hagenbusch wollte mich in meiner Eigenschaft als Kunstexperten sprechen. In seinem Besucherzimmer hingen Holzschnitte aus den zwanziger Jahren und eine frühe Beuys-Zeichnung auf braunem Packpapier. Ich erinnerte mich, daß Hagenbusch erst kürzlich dem Museum ein paar abstrakte Werke aus den fünfziger Jahren gestiftet hatte. Als Sammler genoß er hier in Köln einen weitreichenden Ruf. Sein Vater hatte schon vor fünfzig oder sechzig Jahren angefangen, Bilder zusammenzutragen, die heute Millionenwerte darstellten.

Hagenbuschs Haushälterin, ein dürres, verhärmt wirkendes Geschöpf, hatte mich in das Arbeitszimmer geführt, dessen Wände vollständig mit Bücherregalen zugestellt waren. Die einzigen freien Stellen waren mit Kunst zugehängt. Schwere dunkle Möbel, alles wirkte erdrückend, vollgestopft, düster.

Der Notar war ein kleiner, dicklicher Mann Ende fünfzig, trotz des warmen Sommerwetters trug er einen dunkelgrauen Anzug, ein weißes Hemd mit korrekt gebundener, blausilbern gepunkteten Krawatte. Er hatte feingliedrige, zarte Hände wie ein Pianist, ein rosiges Gesicht mit glänzenden Wangen, und man sah sofort, daß seine Frisur aus einem straff gescheitelten braunen Toupet bestand. Seine Stimme hatte einen leicht meckrigen Klang, der durch den rheinischen Singsang etwas gemildert wurde.

Nachdem die Haushälterin uns Kaffee serviert hatte, zeigte er mir ein Foto. Es schien aus einer alten Kunstzeitschrift oder einem vergilbten Katalog zu stammen. Es zeigte das Gemälde von einer Straßenschlucht, die in verschachtelte Vierecke aufgelöst war. Typisch für den Stil von Daniel Silberberg.

Hagenbusch bat mich um meine Meinung.

»Ich würde es auf 1925 oder 1926 datieren. Zu dieser Zeit hatte Silberberg Kontakte zum Bauhaus, und nur in dieser kurzen Phase hatte er sich einem sachlichen, konstruktivistischen Stil zugewandt. Allerdings sind aus jenen Jahren nur Landschaftsbilder ohne menschliche Figur überliefert. Auf den ersten Blick scheint dieses Motiv gar nicht in sein Werk dieser Periode zu passen».

»Richtig, das ist ja auch die These in Ihrer Dissertation. Dieses Bild war bislang überhaupt nicht bekannt. Ich frage mich, ob es überhaupt ein echter Silberberg ist«, meinte Dr. Hagenbusch.

»Woher stammt dieses Foto?«

»Aus einer Kunstzeitschrift, die damals in München erschien. 1951 oder 1952 wurde dieses Foto veröffentlicht. Meine Nachforschungen blieben ergebnislos. Die Zeitschrift existiert nicht mehr, niemand weiß, wer dieses Foto aufgenommen hat, wann und wo. Aus welchem Anlaß, zu welchem Zweck. Dieses Bild ist nirgendwo registriert oder katalogisiert.«

»Sie bezweifeln die Echtheit?«

Er zuckte mit den Schultern.

»Sie wissen doch genauso gut wie ich, junger Mann, daß es im Kunsthandel kaum noch Werke von Silberberg gibt. Gelegentlich ist eines aufgetaucht, das im Krieg verschollen war. Nun, Sie fragen sich bestimmt, weshalb ich Sie zu dieser akademischen Erörterung eingeladen habe: man hat mir dieses Bild zum Kauf angeboten.«

Ich schluckte. Wenn es sich hier tatsächlich um einen Original-Silberberg handelte, mußte das Bild ein bis zwei Millionen Mark wert sein. Oder noch mehr, wenn die Japaner anfingen, auf Auktionen die Preise in die Höhe zu treiben. Für einen Privatsammler wie Dr. Hagenbusch sicherlich unerschwinglich, auch wenn er ziemlich wohlhabend war. Er schien meine Gedanken erraten zu haben.

»Ich müßte mich sicherlich von einigen sehr liebgewordenen Stücken aus meiner Sammlung trennen, um den Ankauf zu finanzieren, falls ich mich dazu entschließen sollte. Ein konkreter Preis ist im übrigen noch nicht genannt worden.

Die Sache ist etwas delikat. Ich kann es mir nicht leisten, in einen Skandal hineingezogen zu werden, und deshalb wollte ich Sie als Silberberg-Experten bitten, für mich diskrete Erkundigungen einzuziehen. Selbstverständlich werde ich mich für Ihre Bemühungen erkenntlich zeigen.«

Das war ein ungewöhnliches Angebot, und ich fragte mich, zu welchen Obszessionen dieser bedächtige, seriöse und gespreizte Notar fähig war, welche untergründigen Seiten seines Wesens er hier zwischen seinen Picasso-Lithografien auslebte. Manche Sammler, ob sie nun Kunstgegenstände, alte Autos oder Briefmarken anhäuften, gingen dabei mit einer ungeheuren Triebkraft vor, und nicht allzu selten offenbarten sich dabei pathologische Züge. Manche wollten ihre Schätze ausbreiten, zur Schau stellen, damit man ihnen Anerkennung zollte. Andere wiederum lechzten mit einer ungeheuren Begierde nach einer Kostbarkeit, die sie nur für sich allein besitzen wollten. In Frankreich und Italien gab es Gangsterbanden, die sich darauf spezialisiert hatten, aus dem Pariser Louvre oder den Uffizien in Florenz die Mona Lisa oder einen Leonardo zu klauen, und zwar auf Bestellung, damit dieses Werk für immer im Tresor eines Autoindustriellen oder eines Schiffsmaklers verschwand.

»Haben Sie das Bild schon im Original gesehen?« fragte ich.

»Nein, man hat mir nur dieses Foto überlassen...«

»Aber der Verkäufer müßte doch eine Expertise über die Herkunft und die Echtheit beibringen. Ohne ein solches Gutachten würde ich auch nicht den geringsten Gedanken an einen Erwerb verschwenden.«

»Sie haben recht, junger Mann. Im Augenblick möchte ich keinen Namen nennen, wer mir dieses Bild anbietet. Aber es handelt sich dabei um einen absolut vertrauenswürdigen Kunsthändler, mit dem ich schon seit über zwanzig Jahren in

Kontakt stehe. Er selbst hat mich auf die ungewöhnlichen Umstände aufmerksam gemacht und Zweifel eingeräumt. Natürlich, das Risiko... aber bedenken Sie: ein Silberberg! Können Sie sich vorstellen, wie sehr mich dieses Bild reizt?«

»Sie kennen es doch nur von diesem Foto. Wie ist es erhalten? In gutem Zustand? Ich habe vier Jahre lang für meine Dissertation sämtliche Museen abgeklappert und kenne Silbergs Gesamtwerk aus dem Effeff. Beziehungsweise, was davon noch vorhanden ist. Aber auch, wenn ich mir dieses Bild als Original ansehe, könnte ich Ihnen keine Expertise erarbeiten. Die Echtheit ließe sich nur über eine komplizierte Laboruntersuchung nachweisen. Mit Röntgenaufnahmen, Analysen der Faserstruktur der Leinwand, der Grundierung und der Farben unter einem Elektronen-Mikroskop oder mit verschiedenen physikalisch-chemischen Verfahren. Man benötigt dazu einen umfangreichen Stab an Restauratoren, Konservatoren, Chemikern, Physikern und vielleicht sogar Kriminalisten. Da müßten Sie sich ans Museum wenden, an ein Labor-Institut oder an die Spezial-abteilungen der Kriminalämter. Solch eine Untersuchung ist aufwendig und ziemlich teuer.«

Hagenbusch wehrte ab.

»Auf gar keinen Fall! Geld spielt dabei keine Rolle, aber ich versuchte Ihnen gerade zu erklären, wieso das nicht ginge!«

»Natürlich, die erste Frage lautet dann: woher stammt dieses Bild. Man müßte der Quelle nachgehen, und Sie wollen in dieser Hinsicht irgendwelche Peinlichkeiten vermeiden.«

»Nicht nur ich. Alle, die daran beteiligt sind. Der Anbieter, der das Bild besitzt, und der Kunsthändler, der sondiert hat, ob ich Interesse hätte. Für diese Heimlichtuerei gibt es die verschiedensten Gründe, ich kenne sie nicht, und Sie können sicher sein, daß ich mich auf gar keinen Fall auf irgendein illegales Geschäft einlassen werde. Aber selbst wenn ich vom tatsächlichen Ankauf schließlich zurücktrete, könnte es zu spät sein, um nicht doch in einen Skandal hineingezogen zu werden. Daher meine Bitte an Sie um diskrete Nachforschungen.«

»Sie wissen, daß die Nazis die Bilder jener Künstler gefälscht haben, die offiziell als entartet galten und verboten waren? Wenn dieses Bild aus den zwanziger Jahren stammen soll, in Wirklichkeit aber eine Fälschung aus den dreißiger Jahren ist, ließe sich das nur durch eine solche Laboranalyse nachprüfen. Silberberg hat seit dem Malverbot von 1933 keinen Pinsel mehr angefaßt, auch nicht heimlich. Die Nazis waren allerdings skrupellos genug, jene Werke, die sie als jüdisch-bolschewistische Verfallskunst beschlagnahmt hatten, ins Ausland zu verkaufen. Das brachte gutes Geld, harte Devisen. In Zürich wurden 1939 auch Arbeiten von Silberberg beim Auktionshaus Pfleiderer und Blümli zur Versteigerung angeboten. Und weil das Geschäft mit echten Silberbergs so gut lief, kamen die Nazis auf die Idee, ihre Kriegskasse auch noch mit Fälschungen der verbotenen Kunst aufzufüllen. Perfekt gemachte Nachbildungen. Silberberg hätte sich nicht dagegen wehren können, der war ja mundtot gemacht worden und saß im KZ. Sie haben ihn dann umgebracht, weil er Jude war, aber nicht nur deswegen. Auch, damit er ihre Fälschungen nicht entlarven konnte.«

»Ich weiß, dieses Kapitel über die Fälschungen ist der spannendste Teil Ihrer Dissertation. Halten Sie mich bitte nicht für zynisch: aber selbst eine Silberberg-Fälschung aus der Nazi-Zeit hätte als Kuriosität auf dem heutigen Kunstmarkt einen erheblichen Wert.«

Dieses Gespräch hatte vor rund einer Woche stattgefunden, und nachdem ich die Zeitungsmeldung über das Foto in der Habe des ermordeten US-Soldaten gelesen hatte, saß ich nun wieder bei Dr. Hagenbusch in seinem Arbeitszimmer. Er trug den gleichen grauen Anzug, heute aber darunter ein offenes blaues Sporthemd, und seine Stirn war inzwischen von der Sonne leicht gebräunt. Auch dem Notar war der Hinweis aufgefallen.

»Es wird doch überhaupt nicht erwähnt, welches Bild von Silberberg dieses Foto zeigt! Glauben Sie wirklich, es handelt sich um die Straßenszene? Wir können doch nicht einfach bei der Polizei anrufen und fragen, schauen Sie doch mal nach, ob das Foto bei dem Toten aus dieser alten Kunstzeitschrift stammt!« ereiferte sich Hagenbusch.

»Natürlich nicht. Aber neulich zeigten Sie mir nicht einen Original-Ausschnitt aus der Zeitschrift, sondern eine Reproduktion des Fotos.«

»Ja, der Galerist hat mir diese Reproduktion überlassen, möglicherweise wurden mehrere Abzüge davon gefertigt. Aber weshalb sollte ein amerikanischer Soldat ein solches Exemplar bei sich tragen? Sie können Ihre Nachforschungen ja vorsichtig in diese Richtung ausdehnen. Schließlich haben Sie in der Fachwelt einen Namen als Silberberg-Experten, da ist es wohl nicht verdächtig, daß Sie sich dafür interessieren.«

»Nein, das nicht. Aber ich habe mit meinen Ermittlungen schon vor dem Bekanntwerden des Todesfalles begonnen. Ich war in Museumsbibliotheken und habe in Auktionshäusern sondiert. Daran ist auch nichts Unrechtes. Aber ein paar Tage später wird dieser Soldat umgebracht, mit einem Foto von jenem Gemälde in der Tasche, nach dem ich mich erkundige. Und wenn Sie ausgerechnet jetzt unter höchst dubios anmutenden Umständen einen Silberberg erwerben wollen...«

»Herrgott, Sie wollen doch nicht behaupten, wir seien da in einen Kriminalfall hineingezogen worden!«

Der Gedanke schien Dr. Hagenbusch zu entsetzen. Seine Gesichtshaut hatte eine starke, fleckige Rötung angenommen, und er fummelte an seinem offenen Hemdkragen herum, als ob er zu wenig Luft bekäme.

»Trotzdem, ich will dieses Bild haben. Je mysteriöser die Sache wird, desto mehr reizt sie mich«, sagte er plötzlich mit einem unerwartet scharfen Ton in der Stimme. Aus völlig heiterem Himmel hatte der Notar eine definitive Entscheidung getroffen, wie ein Hasardeur, der alles auf eine Karte setzt. Sämtliche Befürchtungen vor einem Skandal und die Bedenken hinsichtlich der Rechtmäßigkeit des Erwerbs beiseite gewischt hatte. Ich war verblüfft, wie sich seine Stimme von einer Sekunde auf die andere gewandelt hatte.

Ich fuhr nach Hause und ließ mich mit der Redaktion jener Zeitung verbinden, in der die Reportage und das Interview mit dem Jogger erschienen waren. Ich selbst schrieb für dieses Blatt gelegentlich Ausstellungskritiken und Aufsätze für den Feuilleton-Teil, dadurch hatte ich auch gute Kontakte zu den Kollegen in den anderen Ressorts, und es war nicht schwierig, den Reporter an die Strippe zu kriegen. Er erzählte mir, es sei aus journalistischer Sicht nicht wichtig gewesen, näher auf das Motiv auf dem Foto einzugehen, da der Schlüssel zur Lösung des Mordfalles im Spionagebereich zu suchen wäre. Daß dieses Foto Teil eines Codes oder ein Erkennungszeichen gewesen sein könnte, sei absurd. Der Reporter hatte sich mehr auf die blutrünstige Seiten des Falles konzentriert.

»Toter Soldat trug Foto von Kunstwerk bei sich, wäre doch eine völlig alberne Schlagzeile gewesen, das müssen Sie doch zugeben. Gut, Sie als Kunstexperte sehen das vielleicht anders. Aber die Amis in Berlin graben jetzt alles um, was darauf deuten könnte, daß dieser Boyle sich Zugang zu Geheiminformationen über das Frühwarnsystem verschafft hat. Dienstlich hatte er nichts damit zu tun, aber er könnte ja versucht haben, im internen Sicherheitsbereich herumzuschnüffeln. Vielleicht hatte er dort Helfer. Alle anderen Aspekte sind nebensächlich...«

Immerhin hatte der Reporter meine Vermutung bestätigt: dieser Terry Boyle hatte einen Abzug von dem gleichen Motiv bei sich gehabt, das mir Dr. Hagenbusch unter die Nase gehalten hatte.

5.

Das Schild unten am Eingang zu dem unscheinbaren Gebäude an der Oberspreestraße verhieß schlicht: ›Mathematisch-Physikalisches Institut der NVA‹. In Wirklichkeit residierte hier in Oberschönweide die ›Verwaltung Aufklärung‹, der militärische Nachrichtendienst der DDR. Hauptmann Manfred Hengstenbach hatte sein Büro genau unter den Räumen des Leiters, Generalleutnant Alfred Krause, nur zwei Etagen tiefer. Hengstenbach, ein knorriger, lang aufgeschossener Mann mit asketischen Zügen fühlte sich hier ziemlich beengt, sein Schreibtisch war mit Computerausdrucken übersät, auf den Stühlen stapelten sich Aktendeckel und Zeitschriften, und der Hauptmann dachte daran, daß ihm bei der Beförderung zum Major ein größerer Raum zur Verfügung stehen mußte.

Doch diese Beförderung war von dem glücklichen Verlauf jener Operation abhängig, für die Hauptmann Hengstenbach verantwortlich zeichnete. Wenn die Sache schief ging, dann würde er hier bis zu seiner Pensionierung in der Hauptabteilung A auf einem untergeordneten Posten versauern. Die Hauptabteilung A war für taktische Beschaffung und Nahaufklärung zuständig, und Hengstenbach schmeckte es überhaupt nicht, daß die Stasi-Leute sich in seine Arbeit eingemischt hatten.

Der militärische Aufklärungsdienst unterstand dem Ministerium für Nationale Verteidigung, und Hengstenbach und die anderen Offiziere empfanden eine bittere Rivalität zu dem Spionagedienst des Ministeriums für Staatssicherheit, der ›Hauptverwaltung Aufklärung‹. Dieses Konkurrenzverhalten war typisch für die Branche und fast überall gleich, Hengstenbach wußte, daß auch in England die beiden Dienste MI 5 und MI 6 sich gegeneinander abschotteten, oder in Westdeutschland das Bundesamt für Verfassungsschutz, zuständig für die Abwehr im Inneren, und der Bundesnachrichtendienst BND, dessen Aufgabengebiet die Auslandsaufklärung war.

Schon vor einigen Jahren, als Hengstenbach noch Leutnant war, hatte sein Amt für Militärspionage eine herbe Schlappe hinnehmen müssen: ein erheblicher Teil des Arbeitsgebietes war der Hauptabteilung I bei der Staatssicherheit übertragen worden. Manfred Hengstenbach war in seiner Mentalität ein Militär bis auf die Knochen, ein straffer Bursche, für den auch subversive Aktionen in Planung und Ausführung eine logische Klarheit und Geradlinigkeit erkennen lassen mußten. Hengstenbach betrachtete seine Arbeit als eine Art Schachspiel, und er haßte zutiefst die krummen Methoden, wie sie die ›Abteilung 21‹ im Stasi-Apparat durchführte. Und auch der Mann aus dieser Abteilung war ihm zutiefst unsympathisch: Karl-Heinz Fürbeck, dessen Funktion mit ›Instrukteur‹ umschrieben wurde, ein stämmiger Mann mit einer Glatze, die von blonden Locken eingerahmt war, und mit einem kantigen Gesicht. Er hatte ein schlecht sitzendes, künstliches Gebiß und wässrig-blaue Augen. Hengstenbach war in Uniform, sein Gegenüber in Zivil, brauner Wildleder-Anorak und knallblaue Hosen.

Einen Punktgewinn hatte Hauptmann Hengstenbach aber schon für sich verbuchen können: er hatte darauf bestanden, daß die Zusammenkunft mit dem Stasi-Mann nicht in dessen Abteilung am Großberliner Damm stattfand, sondern Fürbeck hatte sich aus dem benachbarten Vorort Johannisthal zu Hengstenbach bequemen müssen.

»Genosse Fürbeck, Sie wissen genau, daß der Marxismus-Leninismus den individuellen Terror strikt ablehnt«, schnarrte der Hauptmann mit seinem mecklenburgischen Akzent. Fürbeck zuckte aufsässig mit den Schultern. Er hatte seine Karriere mit ›Rückführungen‹ begonnen, mit der Entführung von MfS-Mitarbeitern, die in den Westen geflohen waren. Für die westlichen Dienste stand Fürbeck im Verdacht, in der Schweiz den kommerziellen Fluchthelfer Peter Wallinger erschossen zu haben, und es soll auch Fürbeck gewesen sein, der einem Rechtsanwalt in Heilbronn, der ebenfalls in Fluchthilfegeschichten verwickelt war, eine Briefbombe zukommen ließ.

»Erinnern Sie sich, daß unsere sowjetischen Freunde vor genau fünf Jahren in West-Berlin einen US-Soldaten angeworben hatten, der ihnen Unterlagen über die Radaranlage am Teufelsberg liefern sollte?« entgegnete Fürbeck schließlich mit rauher Stimme. »Doch der Treff im französischen Sektor war nichts anderes als eine gut inszenierte Falle der amerikanischen Abwehr, unsere Freunde flogen auf, den Amis fielen gleich drei hochkarätige Spezialisten in die Hände. Zum Glück hatte sie Diplomatenstatus und kamen ungeschoren davon. Aber wer garantiert Ihnen, daß es sich jetzt nicht wieder um einen Verrat an unserer Operation handelt? Sie werden verstehen, daß wir weitaus vorsichtiger sind als unsere sowjetischen Kollegen damals.«

»Wir hatten diesen Amerikaner in der Hand«, sagte der Hauptmann.

»Ach, dieses Lamento wegen Devisenvergehen war doch einfach lächerlich«, knurrte der Stasi-Mann.

»Er hatte gewußt, daß wir ihn jederzeit wegen Drogenschmuggel hätten hochgehen lassen können. Ein Wink an seinen Sicherheitsoffizier... und dieser Boyle traf sich regelmäßig mit einer Nutte in einem Hotel an der Warschauer Straße, wußten Sie das auch, Herr Instrukteur? Da waren noch ein paar andere Geschichten, es blieb ihm gar nichts anderes übrig, als mit uns zusammenzuarbeiten. Wir hätten ihn ja auch gut bezahlt. Die Informationen wären uns glatt einhunderttausend Dollar wert gewesen.«

»Und dafür hätten Sie ihm freie Hand für seine kriminellen Umtriebe gelassen?« lachte Fürbeck ironisch.

»Sie waren es doch, der diesen Kriminellen aus Köln angeheuert hat!« konterte der Hauptmann. »Sie wissen doch, Genosse Fürbeck, daß bei uns der oberste Grundsatz gilt: jeder Angeworbene, der nicht aus ideologischer Überzeugung bereit ist, ein Kundschafter des Friedens zu sein, ist als unzuverlässig einzustufen. Vor allem, wenn es ihm nur um Geld geht. Ich will mich nicht in Ihre Operation einmischen, aber Sie werden zugeben müssen, daß Sie unser Vorhaben durchkreuzt haben. Dieser Boyle stand von unserer Seite aus unter permanenter Bewachung. In West-Berlin konnten wir nur sporadisch ein Auge auf ihn werfen, dazu sind die Sicherheitsvorkehrungen im amerikanischen Hauptquartier und in den Kasernen zu gut. Aber hier in unserer Hauptstadt konnte er keinen Schritt unbeobachtet tun. Da trifft er sich also mit diesem Kriminellen, wie heißt er doch gleich...«

»Marzik. Stefan Marzik«, warf Fürbeck ein.

»Richtig. Und dann stellen wir fest, das dieser Marzik Ihr Mann ist. Ein völlig unmögliches Vorgehen, wider alle Regeln der Konspiration!«

»Sie müssen mir nicht erklären, wie ein Führungsoffizier mit seinen Informanten oder Kurieren umzugehen hat. Normalerweise hätten wir uns mit diesem Marzik auch nie eingelassen. Aber er ist von sich aus auf uns zugekommen. Bot uns an, eine Information zu verkaufen. Über einen anstehenden Bilderschmuggel. Der Mann wollte einfach nur Geld, und zwar mehr, als er durch die Beteiligung an dieser Aktion von seinem Auftraggeber bekommen hätte. Dafür war er bereit, die Aktion platzen zu lassen. Solch einem Mann traue ich nicht für fünf Pfennig über den Weg. Aber er ahnte nicht, daß er da in ein Wespennest gestochen hatte. Details darf ich Ihnen nicht nennen Herr Hauptmann, Sie kennen ja unsere Geheimhaltungsvorschriften. Nun, wir konnten diesen Marzik nicht richtig durchtesten. Grundsätzlich finden keine Treffen mit einem unsicheren oder unzuverlässigen Kandidaten im westlichen Ausland statt. Sie können sich denken, wie nichtssagend das Ergebnis der Überprüfung seitens unserer Residentur im Westen war. Wir mußten uns auf den Eindruck verlassen, den wir hier in der Hauptstadt von ihm bekommen konnten. Trotz aller Vorbehalte beschlossen wir, ihn einzuspannen. Ausgeheckt hat das unsere ›Abteilung für Desinformation‹. Wir waren da noch jemandem einen Gefallen schuldig, und wir sahen eine Möglichkeit, jemanden zur Erpresserarbeit zu korrumpieren, mehr darf ich Ihnen nicht verraten. Meiner Abteilung oblag die praktische Durchführung...« Der Hauptmann war aufgesprungen, er stapfte erregt in seinem engen Büro herum, da er nicht den nötigen Bewegungsraum hatte, drohte er innerlich zu explodieren. Sein Gesicht war vor Wut rot angelaufen.

»Was Sie mir da erzählen, ist ja unglaublich, Genosse Fürbeck!« schrie er. »Das ist ja total lächerlich! Solch eine kindische Geschichte sollen Ihre Vorgesetzten gebilligt haben! Mit solch einer Räuberpistole haben Sie nur eine von uns minutiös eingeleitete Operation kaputt gemacht, die für unsere militärstrategische Planung von erheblicher Bedeutung gewesen wäre!« Karl-Heinz Fürbeck kaute an einem Streichholz. Seine Gesichtszüge waren verkrampft, sein Kinn agressiv vorgeschoben, der stechende Blick seiner Augen nahezu unerträglich. Und sein kratziger thüringischer Akzent ließ alles, was er sagte, gehässig erscheinen.

»Unsere Planung war auch sehr raffiniert. Dieser Marzik war ja nur als bedeutungsloser Handlanger eingesetzt. Natürlich haben wir einkalkuliert, daß er ein agent provocateur der Gegenseite hätte sein können. Aber wir hatten uns auf das Spiel eingelassen. Wir konnten ja nicht ahnen, daß dieser Marzik ausgerechnet Ihren Terry Boyle einspannen würde. Jeden anderen unter den 12 000 GIs in West-Berlin hätte er anheuern können, aber nein, es mußte ausgerechnet dieser Boyle sein. Ein dummer Zufall. Und dadurch standen Ihre und meine Abteilung sich gegenseitig im Wege. In Pullach beim BND, in Köln-Chorweiler beim Verfassungsschutz und dort in Köln auch beim MAD-Amt lachen sie sich tot über unsere Trotteligkeit. Es hätte ja noch gut ausgehen können, daß wir Marzik und Boyle ihre Trans-aktionen durchführen ließen und Ihre Abteilung Boyle abgeschöpft hätte...«

Hauptmann Manfred Hengstenbach hatte sich wieder hingesetzt und zündete sich eine Zigarette an. Seinem Gast, der immer noch an dem Streichholz kaute, bot er keine an.

»Die amerikanische Militärmission in Potsdam hat sofort den Code für ihre Funksprüche geändert«, sagte Hengstenbach. »Es wird wird wieder Wochen dauern, bis wir den neuen Code geknackt haben. Und die Ermittlungen der Amis in West-Berlin führten dazu, daß drei unserer wichtigsten Leute extrem gefährdet wurden und wir sie abziehen mußten. Sie wissen, daß solche intensiven Raster-Ermittlungen wie ein Fischzug sind, bei dem unverhofft auch jede Menge anderes im Netz hängen bleibt. Nein, Genosse Fürbeck, das war einfach absolut dilettantisch. Sie haben Marzik und Boyle dilettantisch geführt, und die beiden haben sich absolut dilettantisch benommen. Sie hätten verhindern müssen, daß bei einem Fehlschlag irgendwelche Hinweise in die Hände des Gegners fallen könnten. Das Foto in der Tasche des toten Boyle ist ein klarer Verstoß gegen die ›Dienstanweisung Nr. 6‹ für Ihren Apparat.«

6.

Ich nahm nicht die Autobahn, sondern die alte Landstraße in Richtung Bonn. Den Rheinbogen zwischen Rodenkirchen und Sürth hatten sie in den letzten Jahren ziemlich zugebaut. Bungalows, weiß gekalkt, mit kleinen Gärtchen, in Einheitsbauweise nebeneinander gesetzt, Backsteinbauten mit großen post-modernen Fensterkern und mit Reetdächern, wie sie eigentlich in Norddeutschland üblich waren, aber nicht hier im Rheinland. Auch jede Menge trostloser sozialer Wohnungsbau, dazwischen noch ein paar Kohl- und Kartoffelfelder, und die Strommasten der Überlandleitungen. Die Raffinerieanlagen von Godorf und Wesseling schoben sich wie Kolosse in die schwere Luft, riesige, schwere Kessel, dazwischen schlanke Schlote und ein Gewirr von Rohren und Leitungen, Pipelines und Transformatorenanlagen, von denen ein Schwirren und Sirren ausging. Mich hatte der Anblick dieser Industriekulisse jedesmal fasziniert, wenn ich hier vorbei kam. Stinkende Olefinwerke und Tankanlagen, dazwischen Bahngleise, Schuppen und Hallen aus grauem Beton. Hinter Wesseling wurde es bäuerlich. Rechts der Höhenzug der Ville, davor blühende Gärten mit Gemüse und Mohnblumen, Getreidefelder und Maisstauden, links hinter der Bahnlinie Dörfer, deren alter Kern noch aus rustikalen, eng gedrungenen Ziegelhäusern bestand.

Hersel war so ein Dorf, wenn auch die modernen Einfamilienhäuser für irgendwelche Regierungsfritzen überwiegten, die im nahen Bonn arbeiteten. Auch Professor Otto Hübner wohnte hier im letzten Ort vor der Bonner Stadtgrenze.

Hübner war 1961, kurz vor dem Mauerbau, aus der DDR abgehauen und dann bis zu seiner Emeritierung an der Bonner Uni Ordinarius für Kunstgeschichte gewesen. In meiner Studienzeit hatte ich ihn zwei Semester lang als Gasthörer erlebt. Ein brillianter Kopf, der ohne Manuskript geschliffen formulierte Sätze über Michelangelo oder über karolingische Burganlagen rausließ. Sätze, die so lang waren, daß sie schriftlich eine ganze Buchseite ausgefüllt hätten. Hübner war aber auch ein stockreaktionärer Typ, der einen Studenten schon schief angesehen hatte, wenn er im Nebenfach Soziologie belegt hatte: das roch für ihn zu sehr nach Sozialismus. Gegen den Studentenprotest der APO-Generation von 1968 war er mit äußerster Erbitterung zu Felde gezogen, hatte bei der geringsten Störung seiner Vorlesung nach der Polizei gerufen und sich bei Teach-Ins mit Eiern und Farbbeuteln bewerfen lassen müssen.

Sein Haus grenzte an einen Treidelpfad am Rheinufer, von der Gartenterrasse aus hatte man einen herrlichen Blick auf den Fluß, der hier eine weite Biegung machte. Ein paar Lastkähne tuckerten gemächlich gegen den Strom, ein paar Motorboote knatterten über die Wellen, die Ufer waren mit Pappelhainen bepflanzt. Hübners Haus war relativ klein und bescheiden, ich hatte ihn auch immer als einen sehr spartanischen Typ in Erinnerung gehabt. Ein Mann, der nur für seine Wissenschaft lebte und nur seine Bücher kannte. Er wirkte etwas kauzig, und er konnte jemanden mit eisigen Sticheleien fertig machen und im nächsten Augenblick väterlich und warmherzig sein. Jetzt war er an die achtzig Jahre alt, ein Mann mit dichtem weißen Haar, das er zu einer wehenden Löwenmähne hatte wachsen lassen, einem ledernen sonnengebräunten Gesicht mit vollen, violett-blauen Lippen. Sein

Körper wirkte etwas schlotterig und ausgemergelt. Er trug ein verblichenes, gelbes Sommerhemd und Khaki-Shorts, die noch aus den Kolonialkriegen zu stammen schienen, seine dürren, zerbrechlich wirkenden Beine hatten etwas Storchenhaftes an sich, die Füße steckten in ausgelatschten braunen Sandalen. Er rückte den Sonnenschirm neben dem wackeligen Gartentisch zurecht und bot mir ein Glas Weinschorle an. Die üppigen Rosensträucher im Garten waren sein sichtlicher Stolz, im hinteren Teil hatte er Bohnen angepflanzt.

»Als ich meine Dissertation über Silberberg schrieb, gab es keine Möglichkeit, auch jene Werke heranzuziehen, die sich möglicherweise in den Museen der DDR befinden«, begann ich. »Zur Humboldt-Universität in Ost-Berlin kam damals kein befriedigender Kontakt zustande, auch nicht zu anderen Instituten. Schließlich gab es noch kein Kulturabkommen zwischen den beiden deutschen Staaten. Ich suche ein bislang unbekanntes Bild, das weder hier bei uns noch in der Schweiz oder in Österreich registriert ist. Auch sonst in keinem westeuropäischen Museum. Da ist es für mich eine naheliegende Vermutung, daß es sich vielleicht in Ost-Deutschland befinden könnte. Oder in der Prager Kunstsammlung. Über offizielle Stellen nachzuforschen, ist recht zeitraubend, und da hatte ich die Idee, ob sie mir vielleicht weiterhelfen könnten. Sie hatten doch in den fünfziger Jahren einen Lehrstuhl in Leipzig.«

Professor Hübner nickte geistesabwesend.

»Ja, in Leipzig, da war damals Hans-Werner Schmittbohm mein Assistent. Sicherlich kennen Sie sein zweibändiges Standardwerk über den Realismus im 19. Jahrhundert. Es ist auch hier bei uns erschienen. Schmittbohm müßte inzwischen auch kurz vor der Emeritierung stehen. Ich weiß nicht, was aus ihm geworden ist. Wissen Sie, nachdem ich die Ostzone verlassen hatte, gab es kaum eine Möglichkeit, mit den alten Kollegen in Kontakt zu bleiben. Man hatte ihnen nahegelegt, es sei besser für sie, keine West-Kontakte zu haben.«

Er wirkte leicht verbittert. Beim Wort Ostzone hatte seine brüchige Altersstimme einen scharfen Klang angenommen, und er schaute mich lauernd an, wie ich auf diese Bezeichnung reagierte. Ostzone sagte man in der Zeit des Kalten Krieges, als man sich in Westdeutschland weigerte, die DDR als eigenständigen, souveränen Staat anzuerkennen. Aber heute war diese Umschreibung auch bei uns völlig verpönt, selbst die konservativen Springer-Blätter schrieben DDR nicht mehr in Anführungszeichen.

»Dieses Bild, nach dem Sie forschen... da war doch neulich was in der Zeitung...«, sagte er. Ich zeigte ihm die fotografische Reproduktion, die mir Dr. Hagenbusch überlassen hatte. Hübner schaute sich die Abbildung lange und genau an, er hatte eine Lesebrille aufgesetzt.

»Nein, in Prag ist dieses Bild nicht. Sie haben dort eine hervorragende Sammlung an Kunst der klassischen Moderne, darunter auch Silberbergs berühmten Frauenakt vor dem Fenster. Aber nicht dieses Bild. Wieso vermuten Sie, daß es sich in der Zone befindet? Bloß weil unsere Bibliotheken über die Kunstschätze dort unvollständig sind?«

»Genau ein solches Foto von einem Silberberg-Werk hat man in West-Berlin bei einem ermordeten US-Soldaten gefunden, der Ost-Geld bei sich hatte.«

»Ach ja, richtig, jetzt erinnere ich mich an diese Zeitungsmeldung. Warten Sie... ich hab dieses Bild auch tatsächlich einmal zu Gesicht bekommen, als ich noch in Mitteldeutschland lebte... ich hatte mich ziemlich gewundert... ja, jetzt hab ich es wieder klar vor Augen!«

»Sie kennen dieses Bild im Original?« Meine Fahrt nach Hersel war also nicht umsonst gewesen, den alten Professor

Hübner bei meinen Recherchen für Dr. Hagenbusch aufsuchen zu wollen. Und ich war fündig geworden!

Hübner machte es wirklich spannend. Er verfiel in seinen langatmigen Dozenten-Tonfall, von Wort zu Wort, von Satz zu Satz blühte er immer mehr auf.

»Sie können sich vorstellen, wie das akademische Leben in der Ostzone kurz nach dem Krieg war. Mit dem Zusammenbruch des Nazi-Regimes war ja überall in Deutschland das gesamte geistige Leben völlig desolat. Doch die anfängliche Orientierungslosigkeit war sehr rasch einer Aufbruchstimmung gewichen. Und es gab drüben auch in den internen Zirkeln ziemlich hitzige Dispute über den neuen Wissenschaftsbegriff. Humanisten, Positivisten, Marxisten... Anfangs war der Einfluß der SED in der Gesellschaft, vor allem im Kulturbereich, noch nicht so groß. Es gab sogar massiven Widerstand, als sie mit der Zwangskollektivierung in der Landwirtschaft anfingen. Eine Vereinheitlichung des Kulturlebens hatte es auch erst nach der sogenannten Bitterfelder Konferenz gegeben, in den fünfziger Jahren, als die kulturpolitischen Leitlinien verabschiedet wurden und das Kulturschaffen dann endgültig auf den Sozialistischen Realismus verpflichtet wurde. Ich erzähle Ihnen das alles, damit Sie ermessen können, welchen Wert Daniel Silberberg für die Kulturpolitik hatte. In den frühen Jahren des ost-deutschen Kommunismus galt er als antifaschistischer Held. Später paßte er dann nicht mehr ins ideologische Konzept. Er war nicht gerade verpönt, aber seine Malerei galt als zu bürgerlich. Schließlich stammte er ja auch aus einer großbürgerlichen Familie. Nun ja, einerseits zählte man Silberberg in der DDR zum kulturellen Erbe, andererseits ließ man ihn nach und nach in Vergessenheit geraten, weil seine Bildmotive nicht dem Fortschritt der Arbeiterklasse dienlich waren. Die wenigen Bilder, die nach dem Krieg überhaupt noch aufgetaucht sind, wurden in der DDR schließlich nicht mehr öffentlich ausgestellt, sie verschwanden in irgendwelchen Depots. Ich schätze, in sämtlichen Kunstsammlungen der DDR gibt es ohnehin nicht mehr als vier oder fünf Silberberg. Ich denke, das Bauhaus-Archiv ist dort die einzige Stelle, die überhaupt Material über Silberberg archiviert hat.«

Hübner machte eine Pause und nippte an seinem Glas Schorle. Ich saß natürlich auf heißen Kohlen da, aber ich wagte es nicht, ihn zu unterbrechen. Mit ihm in dieser Stimmung von Liebenswürdigkeit umzugehen, war einfacher und sinnvoller, als wenn er ungehalten wurde und einschnappte. Schließlich kannte ich aus meiner Studentenzeit Hübners unberechenbares Naturell. Dann brachte er die Sache auf den Punkt.

»Stellen Sie sich vor, junger Mann, das war also kurz vor meiner Flucht. Ich wurde ins Ministerium für das Hochschul- und Fachschulwesen nach Ost-Berlin zitiert, man versuchte mich zu disziplinieren. Ich hatte gerade auf einem Symposion Thesen geäußert, die als ziemlich ketzerisch empfunden wurden, man hintertrieb die Drucklegung meiner Manuskripte. Ein ziemlich hoher Bürokrat hatte mich also zu sich bestellt, um mich zu rüffeln. Seinen Namen habe ich vergessen. Bei diesem Gespräch waren übrigens auch zwei Stasi-Beamte zugegen. Nun, ich komme also in das Arbeitszimmer dieses Funktionärs, und was sehe ich da?«

»Doch nicht das Bild, Herr Professor?"«

»Genau. Dieses Bild hing da hinter seinem Schreibtisch an der Wand. Da staunen Sie, was? Es war und ist durchaus üblich, daß Werke aus öffentlichem Kunstbesitz in den Etagen der Führungsclique hängen. Aber ein Silberberg? Das hat mich in höchstem Maße irritiert. Der Mann war zwar einflußreich, ihm oblag die Kontrolle sämtlicher Universitäten, der Arbeiter- und Bauernfakultäten und was weiß ich, aber daß er solch ein wertvolles Bild in seinem Büro haben durfte? Ich hätte einen Silberberg höchstens im Vorzimmer von Walter Ulbricht vermutet, aber Ulbricht war ja ein völliger Kunstbanause. Nun, junger Mann, solch ein wertvolles Bild im Amtszimmer eines Funktionärs bewies für mich damals einerseits, welche Geringschätzung Daniel Silberberg erfuhr, sonst hätte man dieses Bild nie aus einem Museum-Depot herausgegeben. Andererseits dachte ich mir, der Mann hat Geschmack. Dann kann, bei solch einem kultivierten Gesprächspartner, das Gespräch ja doch nicht allzu unerfreulich verlaufen. Da hatte ich mich allerdings getäuscht. Man drohte mir die Entlassung aus dem Hochschuldienst an, zum Ende des kommenden Semesters, es war ein ziemlich übles Verhör über meine politische Zuverlässigkeit, ich bin dann wenige Wochen später nach West-Berlin aufgebrochen... wenige Wochen vor dem Mauerbau...«

»Das ist ja 'n Hammer«, entfuhr es mir. Hübner lächelte und lehnte sich versonnen in seinem Gartenstuhl zurück. Aber wie war eine Fotoreproduktion von diesem Bild in die Taschen eines Ami-Soldaten geraten? Darauf wußte auch Professor Hübner keine Antwort, er wußte auch nichts über die Vorlage zu dieser Reproduktion in der alten Kunstzeitschrift. Er hatte auch keinerlei Erklärung dafür, wie das Bild die Kriegswirren überdauert haben könnte.

»Ach, was glauben Sie, was im Krieg alles beiseite geschafft wurde. Als Dresden bombardiert wurde, hatte man mich abkommandiert, bei der Bergung und Sicherung der Kunstschätze mitzuwirken. Wir haben die abenteuerlichsten Verstecke ausgewählt. Einen Teil brachten wir in einem Bergwerksstollen im Harz unter. Ich selbst hatte eine kleine Privatsammlung, Kupferstiche und andere Grafiken, die versteckte ich bei einem entfernten Verwandten in der Nähe von Gera in einem Bauernhaus. Es nützte nichts, 1945 haben die Besatzungssoldaten alles gründlich geplündert... Im übrigen wurden auch viele Werke von den verbotenen Künstlern heimlich versteckt, erst vor den Nazis, dann vor den Besatzern. Es ging alles drunter und drüber damals. Nach dem Krieg in der Schwarzmarktzeit, da wurde manche Kostbarkeit, sofern sie aus Edelmetall bestand, gegen einen Sack Kartoffeln eingetauscht. Ich selbst mußte mich auf diese Weise von einer goldverzierten Biedermeier-Uhr trennen. Wo dieses Bild ursprünglich herstammt, wie es dann in den Besitz einer DDR-Behörde kam, läßt sich heute beim besten Willen nicht mehr rekonstruieren.«

Wir plauderten noch eine Weile miteinander, und dann brach ich auf. In Rodenkirchen hielt ich kurz an, fand eine Telefonzelle im Einkaufszentrum an der Hauptstraße und hatte Dr. Hagenbuschs Haushälterin am Apparat, mit ihrer distanzierten, fast widerwilligen Höflichkeit in der Stimme. Zehn Minuten später öffnete mir dieses geschlechtslose, entsagungsvolle Wesen die Tür. Sie erinnerte mich an eine säuerliche Diakonisse, ihr straff zurückgekämmtes, mit grauen Strähnen durchsetztes Haar war zu einem Dutt zusammengeknotet. Das unscheinbare, graue Kleid hätte die Uniform einer Gefängniswärterin sein können.

»Gut, daß sie vorher angerufen haben, ich mußte einen anderen Termin absagen«, empfing mich Dr. Hagenbusch. Nach meinem Bericht über den Besuch bei Professor Hübner griff er gutgelaunt in die Schreibtischschublade und holte ein Scheckbuch hervor.

»Sie werden Auslagen gehabt haben«, meinte er, während er mit einem altmodischen Tintenfüllfederhalter den Scheck in steilen, präzisen Buchstaben ausschrieb. Der Betrag lautete über 500 DM.

»Ich benötige keine Quittung, ich könnte es ja doch nicht von der Steuer absetzen«, kicherte er. »Selbstverständlich werde ich auch für die weiteren Nachforschungen aufkommen.«

»Halten Sie denn noch weitere Nachforschungen für nötig?« meinte ich. »Es scheint doch ziemlich sicher festzustehen, daß dieses Bild Staatseigentum der DDR ist.«

Dr. Hagenbusch lehnte sich zurück und faltete die Hände über seinem Kugelbauch zusammen. Er lächelte griemelig.

»Das wäre noch zu überprüfen. Nach Professor Hübners Bekundungen wissen wir nur, daß dieses Bild vor rund dreißig Jahren im Amtszimmer eines Ministerialbeamten hing. Vielleicht ist es über den Staatlichen Kunsthandel inzwischen längst an eine Privatperson verkauft worden? Es gibt auch ziemlich viele Kunstsammler in der DDR. Hübners Erzählung verrät uns einiges über die Herkunft des Bildes, das man mir jetzt anbieten will, aber sonst beweist das nichts. Ist der derzeitige Besitzer überhaupt der rechtmäßige Eigentümer? Professor Hübner hat Ihnen ja auch einiges über die Plünderungen im Krieg und vor allem bei Kriegsende erzählt. Ich selbst kann mich an diese Zeit auch noch sehr genau erinnern. Das kann ein juristisches Problem sein, und natürlich auch ein moralisches.«

Ich stimmte ihm zu. »Kürzlich hat die ägyptische Regierung den französischen Staat aufgefordert, ihr jene Museumsschätze zurückzugeben, die seinerzeit Napoleon I. bei seinem Ägyptenfeldzug abtransportiert hat. Als rechtmäßiger Eigentümer käme also höchstens jener Sammler oder jenes Museum in Frage, bei dem die Nazis dieses Bild möglicherweise konfisziert haben!«

»Richtig, junger Mann. Allerdings sieht das juristisch weitaus komplizierter aus. Der Geschädigte müßte ein Rückerstattungsverfahren anstrengen, ich bin in dieser Materie nicht so bewandert. Aber sie verstehen, daß ich Sie bitte, das Geheimnis um dieses Bild weiter zu verfolgen, bis wir hundertprozentig wissen, ob man mir Diebesgut anbietet oder nicht!«

Hagenbusch wirkte heute weniger steif und verbissen, und zur Feier des ersten Erfolges bei meiner Recherche holte er sogar eigenhändig eine Flasche Cognac und zwei Gläser aus dem kleinen getäfelten Wandschrank neben dem Regal mit den alten, ledergebundenen Schwarten. Es war ein guter Cognac, er brannte kein bißchen, hinterließ auf der Zunge ein eher cremiges Gefühl, und ich dachte an den Besuch bei dem alten Kunstprofessor vor einer Stunde.

Hagenbusch wie Hübner drückten die gleiche Art vornehmer Diszipliniertheit aus, beide waren in gewisser Hinsicht Fanatiker auf ihren Gebieten, der Notar als Kunstsammler, der Professor als Wissenschaftler, sie konnten sich in diesen Betätigungsfeldern hemmungslos verlieren, und die bürgerliche Seite ihrer Existenz enthielt Momente des Zügelns. Aber Hagenbusch war gleichzeitig auch ein lebensfroher Genießer, der nun seinen Cognac auf der Zunge zergehen ließ wie eine überreife Erdbeere, oder ein Löffelchen Osierta-Kaviar. Für den Professor waren Kunstgegenstände tote Materie, mit denen er umging, wie ein Pathologe, der eine Leiche seziert, um neue Erkenntnisse über die Organstruktur der Leber zu gewinnen. Es waren Dokumente aus denen sich etwas ableiten ließ, über die Zeit, über seelische Befindlichkeit, über den Gang der Geschichte, über Träume und Utopien, mit denen sich die Menschheit abplagte, über Wahrnehmungsfähigkeit, und er hätte genauso gut Reklameanzeigen oder alte Zeitungen analysieren können. Hagenbusch hingegen zeigte einen viel stärkeren Hang zur Sinnlichkeit, der Umgang mit Kunst schien für ihn eine erotische Bedeutung zu haben, er schaute sich Radierungen und Aquarelle an wie andere Leute Pornobilder. Soviel ich wußte, war Dr. Hagenbusch nicht verheiratet, und daß er ein Verhältnis mit seiner vertrockneten Haushälterin hatte, konnte ich mir nicht vorstellen.

»Was wollen Sie als nächstes unternehmen?« fragte er mich.

»Nun, eine Kontaktaufnahme zu offiziellen Kulturabteilungen der DDR scheidet aus, wer weiß, in was wir da hineinstoßen würden. Vielleicht sollte ich mich hinter den Kunsthändler klemmen, der Ihnen das Bild verkaufen will. Ich bin überzeugt, er weiß mehr über die Hintergründe, als er Ihnen erzählt hat. In Köln gibt es nur drei oder vier Galeristen, die für einen Handel mit Silberbergs in Frage kämen. Sie könnten mir einiges an Arbeit ersparen, indem Sie sich doch dazu entschließen könnten, mir den Namen zu nennen. Selbstverständlich werde ich äußerst diskret vorgehen.«

Hagenbusch wiegte nachdenklich den Kopf hin und her.

»Also schön«, sagte er dann, »aber Sie müssen mir versprechen, daß er nichts merkt, daß er auch nicht die leiseste Ahnung hat, wie hinter seinem Rücken Nachforschungen angestellt werden. Das ist schließlich eine Frage des Vertrauens. Es handelt sich um Herrn Euler, ich nehme an, Sie kennen ihn?«

7.

Robert Euler streckte sich auf dem französischen Doppelbett aus, aber heute wollte das wohlige Gefühl sich nicht einstellen, daß er immer dann verspürte, wenn das Mädchen mit sanftem Fingerstreichen sein Rückgrat entlangfuhr, langsam von Wirbel zu Wirbel. Dann mit beiden Handflächen an den Seiten entlang über die Hüften bis zur Falte zwischen den Gesäßbacken. Er spürte ihre nackten Brüste auf seiner Haut, als sie sich über ihn beugte.

»Du bist heute sehr verspannt«, sagte das Mädchen, und

sie begann ihm die Rückenmuskulatur durchzukneten. Euler gab ein unverständliches, gutturales Geräusch von sich, und sie verteilte noch etwas Massageöl auf die Haut, was sofort ein warmes und prickelndes Gefühl hervorrief.

»Du warst heute auch nicht lange in der Sauna«, fuhr sie fort. Euler sagte nichts und achtete darauf, ob dieses krampfartige Ziehen in der Herzgegend allmählich nachließ. Er hatte schon einen Infarkt hinter sich, und eben war ihm schon nach knapp fünf Minuten in der Sauna schwummrig geworden. Aber verdammt noch mal, er war doch erst zweiundfünfzig, das ist doch kein Alter! Trotz der Bedenken seines Arztes hatte er sich regelmäßig in die Sauna begeben und sich hinterher auch immer richtig aufgemöbelt gefühlt. Aber heute hatte er es bei dem Mädchen nur mit Hängen und Würgen geschafft, das war wörtlich zu nehmen, wie sich sein Keuchen beim Akt in Grunz- und Würgelauten gesteigert hatte.

Sie nannte sich Mona, aber das war natürlich nur ihr Künstlername, wie sie ihr Pseudonym bezeichnete. Die meisten Mädchen hier hatten sich französische Namen zugelegt. Alle drei Wochen wurden die Mädchen in diesem Nobel-Puff ausgewechselt, die Gäste wollten Abwechslung. Palenberg und Euler kamen alle vierzehn Tage, sie nannten diesen Ausflug ihr Gesundheitsprogramm. Sauna, Dampfbad, Massage, ein paar Ründchen schwimmen, und zum Schluß zogen sie sich mit einem Mädchen in eines der Zimmer im oberen Stock zurück. Das Etablissement lag am Rande von Meckenheim in einer Sackgasse, die in einen Kiefernwald führte. Der Parkplatz war auf der Rückseite, von der Straße her, nicht einsehbar. Schwarze Mercedes-Limousinen, graue schnittige Jaguar-Modelle, BMW-Wagen der Extraklasse. Das Haus war von außen unscheinbar, gelb-braun gekachelt, niemand hätte vermutet, daß hier Ministerialbeamte aus der

Bundeshauptstadt ihre Spesen verjubelten, Ölscheichs aus Bahrein mit ihren deutschen Geschäftspartnern einen Vertragsabschluß feierten, und eben auch Leute wie der Finanzmakler Palenberg und der Galerist Euler die Freuden des Daseins genossen. Alles war sehr diskret und dezent, ein Restaurant mit vorzüglicher Küche im rustikalen Jagdzimmer-Stil, mit Brokattapete und englischen Stichen mit Fuchsjagd-Motiven. Zwei blankpolierte Cocktailbars mit samtüberzogenen Sitznischen, alle anderen Räume waren im alt-römischen Stil angelegt. Echte Marmorkacheln im Schwimmbecken, imitierte Pfeiler und Pilaster als Wandverzierungen. Im Restaurant trugen die Gäste Straßenkleidung, in allen anderen Räumen gab man sich ungezwungen, fast alle hatten nur ein großes weißes Badetuch wie eine Toga um den Körper geschlungen. Die Mädchen trugen nur einen knappen Tanga-Slip.

Robert Euler war ein gutaussehender Mann. Groß gewachsen und athletisch gebaut, ohne Fettansatz, auch nicht am Bauch. Sein dichtes Haar sah aus wie graue Stahlwolle, der durchdringende Blick seiner braunen Augen erinnerte an Lee van Cleef in einem alten Italo-Western, und ohne sein Pferdegebiß hätte man ihn für einen Bruder des früheren Eislauf-Stars Hans-Jürgen Bäumler halten können. Blutjunge Mädchen waren von seinem Charme und von seiner Selbstsicherheit beeindruckt, wie er in teuren, spiegelblinkenden American Bars den Kellner heranschnippte oder selbst den Päpsten unter den Kunstkritikern jovial auf die Schulter klopfte. Euler tauchte oft an der Düsseldorfer Kunstakademie auf, schlenderte durch die Ateliers, und so manche Kunststudentin, die ihn zunächst einen ganzen Abend lang mit Emanzipationstheorien traktiert hatte, war schließlich für den Rest der Nacht im Hotel Fürstenhof gelandet. Eulers Erfolgsrezept bei den angehenden Künstlerinnen war höchst einfach: er bekam sie fast immer mit dem Argument herum, daß er seine Machtposition als Galerist in erotischen Beziehungen niemals ausnützte. Tatsächlich machte er ihnen niemals irgendwelche Versprechungen hinsichtlich ihrer Karriere.

Eulers Galerie lag in Köln am Friesenplatz, sie nahm die beiden unteren Etagen in einem verglasten Stahlskelettbau ein. Insgesamt so viel Raum, daß man darin auch getrost die UNO-Vollversammlung hätte abhalten können. Seit zwanzig Jahren hatte Robert Euler in Köln und Düsseldorf bestimmt, was Kunst ist und was nicht. Er hatte die Kulturdezernenten bequatscht, in den Messehallen großangelegte Super-Ausstellungen zu zeigen; natürlich stammte dann ein erheblicher Teil der Ausstellungsstücke von Euler. Und wenn der Etat nicht ausgereicht hatte, verstand es Euler, dem Stadtrat noch einmal eine satte Million aus der Tasche zu leiern. Euler bestimmte, was in ein Museum hineingehörte und was nicht. Zwanzig Jahre lang hatte er einen neuen Trend nach dem anderen hochgepuscht, und er bildete sich ein, ohne ihn wären Andy Warhol und Joseph Beuys als Sozialfall geendet. Natürlich hatte er auch jede Menge Feinde, die ihm seinen Einfluß neideten, den er sich mit äußerster Geschicklichkeit, mit Ränkespiel, manchmal auch mit Bestechung und einem Geflecht gegenseitiger Abhängigkeit im persönlichen wie politischen und gesellschaftlichen Bereich gesichert hatte.

Trotzdem hatte Robert Euler nicht nur einen weitreichenden, sondern auch einen guten Ruf. Er zählte nicht zu diesen Luftnummern, die in einer Galerie nur ein Abschreibungsobjekt sahen und die Künstler nur verheizten. Er gehörte auch nicht zu jenen Kunsthändlern, die kein vernünftiges Programm hatten, die heute eine Bronzeskulptur von Hitlers Lieblingsbildhauer Arno Breker, morgen die Graffiti eines aufmüpfigen jungen Punk-Malers an den Vorstandsvorsitzenden einer Versicherungsgesellschaft verkloppten. Euler pflegte sich zwar auf den Kunstmessen mit Ellenbogengewalt den besten Stand zu ergattern, aber er hatte auch einen extrem ausgeprägten Sachverstand für künstlerische Qualität, und Eulers Engagement, die von ihm vertretenen Künstler nach vorne zu boxen, wurde von den Kritikern als positiv bewertet.

Doch jetzt, als er sich von Mona massieren ließ, hatte Euler wenig Freude daran, sich in seinem Ruhm zu sonnen. In der letzten Zeit hatte er ein paar herbe Verluste erlitten. Als er die amerikanischen Künstler Artschwager und Koons auf der Baseler Kunstmesse zeigen wollte, hatte ihn Castelovis in New York zu lange hingehalten und die Preise in die Höhe getrieben. Es hatte ganz so ausgesehen, als ob Castelovis Euler aus dem Geschäft heraushalten wollte. Aber Euler konnte den Deal nicht platzen lassen, er stand schon bei zwei Schweizer Museen im Wort, eine Sonderschau mit neuester amerikanischer Kunst zusammenzustellen. Und der durfte auch ein paar wichtige Sammler nicht verprellen. Trotz Castelovis überhöhter Forderung hätte Euler immer noch einen guten Schnitt machen können, wenn ihm nicht die Kursschwankungen des Dollar in die Quere gekommen wäre. Für die Abrechnung auf der Messe war die Diskrepanz zwischen Schweizer Franken und US-Dollar nahezu tödlich geworden. Da waren noch ein paar andere kleine Pleiten gewesen, von der die Kunstöffentlichkeit nichts wußte, und nun wollte Eulers Frau auch noch die Scheidung einreichen. Marina Euler war eine Tochter aus reichem Hause, ihr Vater besaß drei Papierfabriken in Düren, und ihre Mitgift hatte dem jungen Robert damals die Gründung der Galerie ermöglicht. Eulers Frau hatte mit den Jahren die biedere Adrettheit einer Fernsehansagerin angenommen, akurat frisiert und geschminkt, aber so reizlos wie ein Eierbecher aus Plastik mit Blümchenmuster. Das Ehepaar Euler hatte sich schon seit längerem auseinandergelebt, im Bett lief überhaupt nichts mehr, im Alltag führte jeder sein eigenes Leben. Sie hatte großzügig über Eulers Eskapaden mit Kunststudentinnen hinweggesehen, doch nun wollte sie die Scheidung, um einen Werbefritzen aus Düsseldorf heiraten zu können. Euler war nicht eifersüchtig auf diesen Burschen, die Scheidung wäre eigentlich nur eine reine Formsache, wenn es dabei nicht ans Bankkonto gegangen wäre. Sie hatte aber schon angedroht, ihr Geld aus der Galerie herauszuziehen, um mit dem Werbefritzen eine eigene Agentur zu eröffnen. Der alte Papierfabrikant war clever gewesen: Euler war ein verkrachter Student gewesen, völlig mittellos, als er Marina heiratete, und sein Schwiegervater hatte ihm einen Ehevertrag aufgezwungen, wonach Euler bei einer Scheidung praktisch leer ausging. Er sah nur einen Ausweg: bei Palenberg Kapital aufzunehmen. Doch der wollte Sicherheiten, und so war dieser windige Silberberg-Deal Eulers einzige Möglichkeit, sich kurzfristig und auf einen Schlag finanziell zu sanieren.

»Es war schön mit dir, Kindchen«, sagte Euler zu Mona und wälzte sich von ihr fort. Er griff nach seinem Bademantel, diese Togatücher fand er lächerlich. Hier war ein Umkleidespind für ihn reserviert, in dem er einen weißen, flauschigen Frotteemantel deponiert hatte. Euler kramte aus der Manteltasche einen Hundertmarkschein hervor. Eigentlich brauchte man hier kein Geld, die Drinks waren frei, und alles andere wurde vorne an der Rezeption pauschal abgerechnet, auch das Mädchen und das Zimmer gehörten zu diesem Pauschalpreis. Aber Euler hätte sich ohne einen Pfennig Geld in seinem Bademantel nackt und ausgeplündert gefühlt, und als Mann von Welt hielt er es für angebracht, dem Mädchen noch ein separates Trinkgeld zuzustecken.

Er schlappte in seine ledernen Badelatschen und stakste die Treppe hinunter in die Halle mit dem Swimming Pool. Palenberg war auch schon mit der fülligen Blondine fertig und saß mit einem Whiskyglas in einer der Samtnischen an der Bar.

»Auch einen Drink?« fragte Palenberg. »Na, wie war die Kleine?«

»Drink? Ich weiß nicht so recht. Höchstens ein Glas Champagner. Hab zur Zeit Probleme mit dem Kreislauf.«

»Robert, du siehst auch ziemlich gestreßt aus. Hier, nimm das, ich denke, das bringt dich wieder hoch.« Palenberg zog ein kleines Silberdöschen hervor und entnahm ihm zwei kleine, weiße Pillen.

»Was ist das?« fragte Euler.

»Fällt bei Sportlern unter die Dopingbestimmungen«, meinte Palenberg lakonisch, »aber in den USA schluckt das jeder. Dort kannst du solche Aufputschpillen in jedem Supermarkt kaufen, hier kriegst du diese Dinger noch nicht mal auf Rezept. Ist bei vernünftiger Dosierung aber harmlos. Ein gut gemixter Benzedrin-Eiweiß-Coctail, und noch paar andere Sachen.« Euler spülte die Pillen mit einem kräftigen Schluck Champagner hinunter.

»Klaus, diese Silberberg-Geschichte zieht sich so hin...«

Palenberg wehrte ab.

»Mensch, Robert, mach dir keine Sorgen. Ich hab dir doch zugesichert, daß ich das Projekt vorfinanziere. Ich kümmere mich um den Ankauf und die Organisation. Du wolltest es ja nicht offiziell über den Staatlichen Kunsthandel der DDR abwickeln. Dadurch ist es eben ein bißchen komplizierter. Warte noch ein wenig ab, dann brauchst du das Bild nur noch bei deinem Kunden abzuliefern, ihn abkassieren und mit mir abzurechnen. Dir laufen doch keine Kreditzinsen davon!«

»Ich hab dir doch erklärt, daß der Verkäufer darauf bestand, das Bild am Zoll und an der Steuer vorbei abzustoßen. Nun, wenn er die Steuer bescheißt, kann mir das egal sein. Und aus unserer Sicht gilt die DDR im innerdeutschen Handel ja ohnehin nicht als Zoll-Ausland.«

»Naja, was hätte ich machen sollen?« räumte Euler ein. »Bei offizieller und völlig korrekter Abwicklung, mit Herkunftsnachweis, Honoraren für Expertisen und den horrenden Preisen für die Spedition durch eine Spezialfirma für Kunsttransporte, mit allem Pipapo hätte ich den Endverkaufspreis so hoch ansetzen müssen, daß das Bild gar nicht zu verkaufen wäre. An die Japaner vielleicht. Aber ein Privatsammler hier bei uns hätte das nicht bezahlen können, und die Museen haben ihren Ankaufetat auch voll ausgereizt. Die kriegen keinen zusätzlichen Pfennig mehr vom Stadtkämmerer zugestanden. Auf diese Tour, da machen wir beide auch bei einem Preis weit unterhalb des tatsächlichen Marktwertes noch unseren Schnitt.«

»Das hoffe ich«, meinte Palenberg und leerte sein Whiskyglas. »Hoffentlich bezweifelt dein Abnehmer nicht die Echtheit.«

»Quatsch«, entgegnete Euler, »das Bild ist echt. Ich habe es drüben selbst mit eigenen Augen begutachtet. Und die Quelle ist absolut seriös, ein hoher Funktionär.«

»SED?«

»Nee, Ost-CDU. Ich hatte ihn in Leipzig kennengelernt. Letzten Herbst bei der großen Kulturpräsentation von Nordrhein-Westfalen in der DDR. Erste umfassende Darstellung eines Bundeslandes bei denen dort drüben. Die Düsseldorfer Oper gab Gastspiele, Dichterlesungen, Kammerkonzerte, und eine Ausstellung, bei deren Zusammenstellung ich dem Kultusministerium geholfen habe.«

»Ja, ich erinnere mich, daß dich ein paar Zeitungen hier deswegen heftig angegriffen hatten. Die empfanden es als

Skandal, daß ausgerechnet ein kommerzieller Galerist sich als Berater in den Kulturaustausch einmischt.«

»Ach, die DDR-Fritzen hat das überhaupt nicht gestört. Die haben mich dort richtig hofiert. Und beim Empfang mit dem Leipziger Oberbürgermeister und unserem Ministerpräsidenten lernte ich diesen Funktionär kennen. Er machte mehrfach Andeutungen, daß er mit mir privat ins Geschäft kommen wollte. Ich war natürlich zunächst einmal vorsichtig. Aber am nächsten Tag bin ich mit ihm in seine Villa in der Gegend von Ost-Berlin gefahren. Du glaubst gar nicht, wie pompös diese Funktionäre dort wohnen. Der hatte ein Haus mit 12 oder 15 Zimmern, eigene Sauna, eigener Pool, innen alles mit afrikanischem Holz getäfelt, Täbris-Teppiche in drei Schichten übereinander, und im Eßzimmer der Silberberg.«

Palenberg hatte sich noch ein neues Glas Whisky servieren lassen. Euler hatte ihm diese Geschichte schon drei- oder viermal erzählt, als sie die Finanzierung durchsprachen, und da Palenberg der einzige war, dem Euler überhaupt diese Anekdote auftischen konnte, mußte sich Palenberg Eulers Erläuterungen immer wieder anhören. Und je öfter Euler darüber sprach, desto mehr verschwanden seine Befürchtungen, der Deal sei schiefgelaufen oder würde noch schieflaufen. Palenberg ließ ihn gewähren, denn in der letzten Zeit hatte Euler immer wieder Anzeichen von Panik erkennen lassen, der Mann stand gesundheitlich und geschäftlich vor dem Ruin, und für Klaus Palenberg war es keineswegs angenehm, von zwei Seiten bedrängt zu werden, von diesem rüden Stefan Marzik und dem Galeristen, der nach dem letzten Strohhalm griff.

»Dein Abnehmer wird aber etwas über die Herkunft wissen wollen. Was wirst du ihm erzählen?« bohrte Palenberg.

»Ach, da wird mir schon was einfallen. Die Wahrheit kann ich ihm natürlich nicht erzählen. Dieses Bild hing jahrelang in einer Amtsstube. Der Funktionär hat es von dort einfach mit nach Hause genommen und durch eine Fälschung ersetzt. Genial, was? Ließ das Bild zum Restaurieren abholen und tauschte es einfach aus.«

»Du hast mir übrigens nie erzählt, woher er die Fälschung hatte.«

»Von einem Kunststudenten. Dort an der Kunsthochschule ist es üblich, daß die Studenten in den Grundsemestern erst einmal die alten Meister kopieren. Das gehört zu einer richtig soliden, klassischen handwerklichen Ausbildung. Und einer dieser Studenten hat dann eben den Silberberg kopiert. Nach einem alten Foto. Der Funktionär hat dem Studenten das Bild irgendwann abgekauft. Natürlich weiß der Student nicht, daß seine Kopie jetzt als echter Silberberg im Ministerium hängt. Der Funktionär hat natürlich darauf geachtet, daß die ganze Geschichte wasserdicht ist, als er einen Verkauf des Originals in den Westen anging.«

»Dann erzähl doch nicht so einen Blödsinn mit Zoll und Steuern. Es ist doch sonnenklar, daß sowas nur unter der Hand laufen kann. Der Austausch von Original und Kopie ist ein handfester Betrug, und dieser Betrug zieht erst den ganzen anderen Schmu mit Schwarzgeld und Steuerhinterziehung nach sich. Und wieso bist du dir so sicher, daß dieser clevere Betrüger dich nicht auch bescheißt und dir die Fälschung andreht? Du könntest ihn ja nicht zur Rechenschaft ziehen, ohne dich selbst ganz gehörig in die Nesseln zu setzen.«

»Er hat Interesse an weiteren Geschäften, übrigens auch völlig legalen. Nicht nur Kunst. Warte mal ab, Klaus, da ist auch für dich mit der Abwicklung von Import-Export-Projekten noch einiges drin.«

Euler hatte sich in eine aufgekratzte Stimmung hineingesteigert, offenbar eine Nebenwirkung der Aufputschpillen.

Gleichzeitig wirkte er aber immer noch ziemlich nervös und fahrig. In der Umkleidekabine verhedderte sich Euler beim Knoten der Krawatte. Als sie dann an die Rezeption traten, sagte Palenberg großzügig:

»Laß stecken, ich übernehme das heute.« Er zog einen nagelneuen Tausendmarkschein hervor.

»Was war eigentlich mit diesem toten Amerikaner?« fragte Euler, als sie über den Parkplatz zu Palenbergs Jaguar gingen. »Du hast gesagt, dein Mittelsmann hätte nichts damit zu tun.« »Er hat nur den Fehler gemacht, dem Ami eines deiner Fotos von dem Silberberg zu überlassen«, antwortete Palenberg, als er den Wagen startete.

»Seid ihr verrückt?« kreischte Euler.

»Robert, bitte. Dieses Foto bedeutet nichts. Wenn das für die Ermittlungen eine heiße Spur wäre, hätten Sie meinen Mittelsmann schon längst hops genommen. Wir haben keinerlei Anlaß zur Unruhe.«

Die Rückfahrt nach Köln verlief in gereizter Stimmung. Palenberg war ärgerlich, weil er im dichten Verkehr auf der Autobahn den Jaguar nicht voll ausfahren konnte. Euler verspürte wieder dieses Herzrasen, und er bekam Schweißausbrüche, dagegen half auch nicht die Klimaanlage im Wagen. Die Autobahntrasse verlief in weiten Kurven durch die dicht bewaldeten Hügel im ehemaligen Braunkohlerevier am Rande der Ville, Pappelhaine und saftige Felder, in der Ferne die qualmenden Schlote der Fabrik von Knapsack. Palenberg überlegte gerade, ob sie schneller voran kämen, wenn er die Ausfahrt nach Liblar nahm und über die Luxemburger Straße nach Köln hineinfuhr, als Euler unvermittelt sagte:

»Um noch aus der Sache auszusteigen ist es wohl zu spät, was?«

»Was ist denn das für eine bescheuerte Idee, Robert? Erst löcherst du mich, dieses Geschäft sei dein einziger Rettungsanker, und jetzt bekommst du kalte Füße. Und ich habe schon einen Haufen Geld investiert. Denk daran, daß du mir schon 200 000 DM schuldest. Wie willst du die zurückzahlen, wenn deine Frau dir den Geldhahn zudreht?«

»Ich weiß, ich weiß. Wär ja auch eine simple Sache gewesen. Den Schinken für eine knappe Million weiterzuverkaufen, meine Frau auszuzahlen, das Stammkapital, das sie eingebracht hat, ist nicht so wahnsinnig hoch. Deine 200 000 DM begleichen, und dann wäre ich erst mal aus dem Schneider gewesen. Aber daß dein Mittelsmann dem Ami dieses Foto gibt...«

»Glaubst du denn, mein Abnehmer liest keine Zeitung? Meinst du, der wirft angesichts aller ohnehin schon windigen Begleitumstände eine Million zum Fenster raus, bloß, um in einen Mordfall verwickelt zu werden? Manchmal brauche ich ein halbes Jahr, um einen Sammler zu beknien, ehe er auch nur ein Bild für 15 000 DM kauft. Und in meiner jetzigen Situation kann ich nicht ein halbes Jahr abwarten!«

Am Autobahnkreuz West zeigte die Signalanlage an, daß die rechte Fahrspur gesperrt war, reserviert für die Abbieger aus Richtung Klettenberg. Palenberg mußte scharf abbremsen, um sich einfädeln zu können. Auf dem Grünstreifen am Ende der Abbiegeschleife stand ein Wachhäuschen mit heruntergelassenen Rolläden.

»Ich nehme die Aachener Straße, wenn's dir recht ist. Soll ich dich an deiner Galerie absetzen oder zu Hause?«

»An der Galerie«, sagte Euler schroff und einsilbig.

Sie kamen am Stadion vorbei. Die Straßenbahnhaltestelle dehnte sich über den gesamten Vorplatz aus, mit einem Dutzend Gleise für die Sonderzüge bei Großveranstaltungen.

Palenberg mußte daran denken, wie sein Vater ihn früher zu den Spielen des FC mitgenommen hatte. Damals gab es noch keine Bundesliga, aber der FC war die Spitzenmannschaft der Oberliga West. Sie waren immer mit der Straßenbahn zum Stadion gefahren, und vor dem Spiel lauerte Palenberg junior vor dem großen Tor, durch das der Mannschaftsbus kommen mußte, um ein Autogramm vom Torwart Frans de Munck oder von Hans Schäfer zu ergattern, wenn sie vom Bus zu den Kabinen gingen. Wenn sie dann bei der Rückfahrt am Rudolfplatz umsteigen mußten, standen da schon die Verkäufer mit den druckfrischen Zeitungen und schrien die Schlagzeilen und die Endergebnisse hinaus: ›FC stürzt Schalke. Dortmund in Hamborn 0:2, Viktoria unentschieden!‹

»Interessierst du dich für Fußball?« fragte Palenberg, als sie durch Braunsfeld glitten.

»Wie, was?« Robert Euler war geistesabwesend.

»Bißchen Entspannung täte uns vielleicht gut. Ich könnte Karten für das Europapokalspiel nächste Woche besorgen«, bot Palenberg an.

8.

Günter Gradski war schon die rechte Hand von Egon Krenz gewesen, als dieser im Polit-Büro für die Sicherheit und für Kaderfragen zuständig war. Nachdem Krenz zum Generalsekretär der SED berufen worden war, rückte Günter Gradski vom Kandidaten des Polit-Büro zum Vollmitglied auf und übernahm die bisherigen Aufgaben von Krenz.

Ein geschickter Schachzug des neuen Generalsekretärs, denn Gradski hatte sich in Fragen einer Reformpolitik stets weiter vorgewagt als sein Mentor. So war Gradski einerseits in den Machtapparat voll eingebunden, andererseits schien er der geeignete Mann zu sein, gerade jene Bereiche zu betreuen, wo der Vertrauensverlust der Staats- und Parteiführung am schwierigsten wettzumachen war.

Er gab sich ähnlich wie Krenz leutselig und kumpelhaft, diskutierte mit der Parteibasis in verräucherten Sälen und vermied in seinen Reden ideologische Leerformeln. Er empfing evangelische Pfarrer, in deren Kirchen sich die Oppositionsgruppen versammelten, und am Wochenende unternahm er gerne lange Wanderungen durch die Kiefernwälder Brandenburgs. Gradski war Ende vierzig, hoch aufgeschossen und schlaksig, mit vorgeneigtem Oberkörper, sein blondes Haar war akurat geföhnt, mit einer Tolle über dem Scheitel. Mit seinem blauschimmernden Anzug, in dessen Stoff dunkelgrüne Karo-Muster eingewebt waren, rosa Hemd und silbergesprenkelter Krawatte, war er der einzige Zivilist im Konferenzraum. Die anderen sieben Personen trugen alle Uniform: ein Oberst, ein Major, die anderen waren Oberleutnant.

Die Offiziere waren durchweg Stellvertreter ihrer Abteilungsleiter im Sicherheitsapparat. Sie lagen voll auf der Linie ihres obersten Chefs, des Armeegenerals Erich Mielke, ein polternder Greis und knochentrockener Altstalinist. Gradski spürte, daß sie ihn als Sitzungsleiter insgeheim bzw. unausgesprochen mit Ablehnung und Mißtrauen bedachten. Gradski war zwar im selben Apparat wie sie groß geworden, aber er hatte seine Schulung an der ›Juristischen Hochschule Potsdam‹ in Golm erfahren und das Studium als Diplom-Jurist abgeschlossen. Und als solcher achtete er mehr auf die militärische Struktur, die Mielke dem MfS verpaßt hatte. Gradski machte sich für eine noch stärkere Kontrolle der einzelnen Operationen durch das Polit-Büro stark, und das rief bei den Offizieren Mielkes natürlich kaum Begeisterung hervor.

»Ich hoffe, im Polit-Büro wird die Bedeutung des Einsatzes von Kundschaftern nicht unterschätzt«, schnarrte der Oberst, ein dicklicher, vierschrötiger Mann. »Die Notwendigkeit, den Frieden in Europa zu wahren und einen Mißbrauch der positiven Ergebnisse des Entspannungsprozesses durch imperialistische Kräfte gerade jetzt zu verhindern, wo wir die ideologische Offensive zurückgewinnen, darf uns nicht zur Nachlässigkeit verleiten. Eine verbesserte Koordination muß jedoch schon innerhalb der einzelnen Abteilungen erfolgen, ich verspreche mir keine höhere Effizienz, weitere Entscheidungsprozeduren an das Polit-Büro zu delegieren«, führte der Oberst aus. Er hatte seine Erklärung reichlich mit Mielke-Zitaten gewürzt und leckte sich zufrieden die Lippen. Gradski griff nach einer der kleinen grünen Mineralwasserflaschen, die in der Mitte des Konferenztisches aufgestellt waren. Ein großer, polierter Tisch aus hellem Schwedenholz, alle vier Wände des Sitzungszimmers waren mit dem gleichen Holz getäfelt. Der Raum war abhörsicher, man hörte nur das leise Knistern der Klimaanlage, die Neonröhren waren in die Decke eingelassen und mit Glaswannen verkleidet, die aus klumpigen Kristallwürfeln zusammengesetzt waren. Die Teilnehmer der Tagung saßen auf bequemen Polsterstühlen mit extrem hoher Rückenlehne und taubengrauem Bezug. Der Innenarchitekt hatte sich bemüht, die Einrichtung nicht an ein Lehrerzimmer erinnern zu lassen.

»Es sind zu viele Pannen in der letzten Zeit passiert«, sagte Gradski eisig. Jeder der Offiziere wußte, daß Gradski unmittelbar nach seiner Berufung ins Polit-Büro gefordert hatte, neben anderen hohen Parteifunktionären hätte auch Mielke zurücktreten sollen, und jeder wußte, daß er auch jetzt jede Gelegenheit wahrnahm, Munition gegen Mielke zu sammeln.

»Wenn Sie auf die beiden Führungsoffiziere anspielen, die sind bereits abgelöst und einem Disziplinarverfahren unterzogen worden«, entgegnete der Oberst. Diese beiden Führungsoffiziere hatten die von ihnen betreuten Residenten innerhalb kürzester Zeiträume nach Berlin bestellt, angeblich zur Berichterstattung, in Wirklichkeit jedoch, um von ihnen französisches Parfum und Konservendosen mit Gänseleberpastete in Empfang zu nehmen. »Schließlich wird durch solche Vorkommnisse unsere gesamt politische Schulung unglaubwürdig, die der Instrukteur seinem Kundschafter zu erteilen hat«, fuhr der Oberst fort. »Aber wir haben niemals die Gefahren unterschätzt, denen Offiziere im besonderen Einsatz wie auch einfache Agenten im Kapitalismus unterliegen«, sagte der Oberst zur Rechtfertigung. Er hatte die Augenbrauen zusammengezogen, zwei tiefe Furchen bildeten sich auf der Stirn, und zwischen diesen Furchen blähten sich Fleischwülste auf.

»Darum geht es doch nicht«, konterte Gradski. Schließlich haben wir die Steigerung des Lebensstandards zum wichtigsten politischen Ziel erhoben, Parfum und Delikatessen stellen doch keine Unterminierung der sozialistischen Moral dar! Aber es hat sich bei den beiden Kontaktpersonen um wichtige Abschöpfagenten gehandelt, und die Führungsoffiziere hätten deren Befragung genau dosieren und absichern müssen. Aber was haben die sich dabei gedacht, ihre beiden Agenten regelmäßig und ausgerechnet immer am Wochenende von Köln/Bonn nach Berlin fliegen zu lassen? Haben Sie geglaubt, die BRD-Abwehr schläft?«

»Es ist kein Schaden entstanden!« beharrte der Oberst.

»Sei's drum. Ich darf Ihnen jedenfalls mitteilen, daß das Politbüro auf's schärfste die Idee mißbilligt, seitens der Operativ-Abteilungen jetzt auch noch einen Schmuggel mit Kunstwerken anzugehen.« Gradski klopfte mit dem Fingerknöchel auf den gelben Aktenordner vor ihm. Er wandte sich an den Major, der neben dem Oberst saß, regungslos und mit düsterer Miene. »Können Sie mir erklären, Genosse Major, wie eine solche Aktion der Informationsbeschaffung dienlich sein kann? Wir bezahlen unsere Informanten in Devisen, dieser Unfug mit dem Bilderschmuggel ist einfach absurd! Haben Sie dadurch unsere Kenntnis über politische Vorgänge in der BRD nur ein kleines bißchen erweitert, können wir dadurch in unseren Wirtschafts- und Industriebereichen auch nur eine einzige Mark an Forschungs- und Entwicklungskosten sparen?«

»Jawohl, Genosse Gradski, die Abteilung Auswertung wird in Kürze Nutzen aus dieser Operation ziehen können«, antwortete der Major steif. »Vielleicht darf ich Sie über die Hintergründe aufklären. Sie wissen, daß jeder unserer Agenten in der BRD verpflichtet ist, uns Tips über Zielpersonen einer möglichen Anwerbung zu geben. Oft gewinnen wir solche Zielpersonen aus dem persönlichen Umfeld unserer Agenten. Nun, auf diese Weise gerieten wir an einen Mann, der mit dem Eintreiben von Schulden beschäftigt war. Er konnte uns ganz brauchbare Informationen über BRD-Bürger in wirtschaftlichen Schwierigkeiten liefern, die sich durch eine Mitarbeit bei uns Hilfe aus ihrer finanziellen Misere erhofften. Da war zum Beispiel dieser Nachtwächter bei einer Messegesellschaft, der uns Zugang zu...«

»Bitte, Genosse Major, das hab ich alles hier in der Akte. Ich kenne die Bilanz der Kontakte, die durch diesen Stefan Marzik zustande kamen. Der Chemielaborant, dem wir die Formel für einen neuen Lack auf Kunstharzbasis zu verdanken haben, der Hafenarbeiter in Kiel, von dem wir wissen, wann diese Lenkwaffensysteme nach Südafrika eingeschifft wurden. Wäre es dabei geblieben: einverstanden! Aber aufgrund seines Persönlichkeitsprofils wäre dieser Marzik nicht für größer angelegte Operationen in Frage gekommen! Sie kennen die Richtlinien. Aber nein, dann taucht er hier in Berlin auf, um ein wertvolles Bild in den Westen zu schmuggeln, und dazu hat er sich als Helfer einen US-Soldaten angeheuert, ohne zu wissen, daß dieser bereits von unseren Kollegen in Oberschönweide unter Vertrag genommen wurde. Das hätte sofort abgeblockt werden müssen! Wir hätten niemals riskieren dürfen, daß Marzik diesen Terry Boyle da hineinzog und ihn dem Risiko aussetzte, Aufmerksamkeit zu erregen.«

»Genosse Fürbeck, der Marzik führte, hatte diese Bedenken. Aber wir haben ihm grünes Licht gegeben und diese Entscheidung zwischen mehreren Abteilungen abgestimmt«, verteidigte sich der Major.

»In Zukunft erfolgt eine solche Abstimmung nicht mehr am Politbüro vorbei, Genossen!« Gradskis Stimme hatte einen bellenden Ton angenommen.

»Wir wissen über den Tod dieses Terry Boyle nicht mehr als die Amerikaner. Wir wissen auch nicht, ob seine Ermordung in Zusammenhang mit diesem Bilderschmuggel erfolgte!« warf der Major ein.

»Vielleicht hat dieser Marzik seinen Partner umgebracht, oder einer von Marziks westdeutschen Hintermännern, vielleicht haben sogar die Amis ihren eigenen Mann ausgeschaltet, bewußt oder ungewollt. Wer weiß, was der CIA wieder angestellt hat. Unsere Leute waren es ja wohl nicht, das entspräche nicht unseren Methoden. Und Sie wissen, daß ich es immer mißbilligt habe, wenn Genosse Fürbeck übers Ziel hinausgeschossen ist! Aber sind Sie sich eigentlich über die politischen Konsequenzen im klaren? Bei der stetig wachsenden internationalen Anerkennung, die die DDR inzwischen erfahren hat, wäre ein Besuch des Genossen Krenz in den USA die größte Aufwertung in der Auseinandersetzung mit dem Klassenfeind gewesen, die wir uns hätten wünschen können! Ein Empfang des Generalsekretärs im Weißen Haus hätte auch unsere Position gegenüber den sozialistischen Bruderländern enorm gestärkt. Vor allem gegenüber Moskau. Und erst recht gegenüber den rückschrittlichen Kräften in Polen und Ungarn, die glauben, eine wirtschaftliche Kooperation mit dem Westen sei nur möglich durch Konzessionen an die Ideale des Sozialismus. Aber solange die Amis die Leiche eines ihrer Soldaten mit unserer Währung in der Tasche da liegen haben und nicht weiter wissen, liegt ein USA-Besuch des Genossen Krenz in weiter Ferne!« Gradski hatte scharf, schnell und sehr betont gesprochen, eindringlich und mit gezügelter Wut. Die Offiziere schwiegen betreten.Manch einem erschien die Situation unwirklich, angesichts des politischen Zusammenbruchs.

Einer der Oberleutnants räusperte sich: »Wenn ich Sie richtig verstanden habe, Genosse Gradski, gäbe es doch keinerlei Kritik an der Silberberg-Aktion, wenn dieser Marzik in seiner Ahnungslosigkeit nicht diesen Boyle hinzugezogen hätte?« Der Major warf dem Oberleutnant einen dankbaren Blick zu.

»Oberleutnant Hünemeyer hat das Problem auf den Punkt gebracht«, ließ sich der Major dann vernehmen. »Fürbeck konnte diesem Marzik ja wohl schlecht sagen, halt diesen Boyle da raus, der spioniert gerade für uns das Frühwarnsystem aus. Such dir einen anderen US-Soldaten. Marzik durfte auf gar keinen Fall auch nur die leiseste Ahnung bekommen, daß dieser Boyle schon längst einer unserer Leute war, und daß wir gute Gründe hatten, darauf zu achten, daß Boyle nicht weiter auffiel. Daß er bei diesem Bilderschmuggel Mist baute, wie man so schön sagt, und damit auch bei der Ausspähung der Radaranlage aufgeflogen wäre. Wir konnten doch nicht ahnen, daß sich Marzik und Boyle schon von früher kannten. Aber wie hätte Genosse Fürbeck die beiden voneinander abschirmen können? Fürbeck hatte strikte Order, auf keinen Fall den Boden von West-Berlin zu betreten!«

»Das hätten andere Leute übernehmen können«, meinte Gradski. »Hätte Marzik gewußt, was Boyle außer seinem Drogen- und Devisenschmuggel sonst noch trieb, wäre dieses Wissen für uns unkontrollierbar geworden. Ich verweise auf sein Persönlichkeitsprofil, die Analyse ist der Akte beigefügt. Da wäre es für uns das gleiche gewesen, als wenn die Amis ihren Boyle enttarnt hätten.«

»Sie trauen diesem Marzik zu, daß er ein solches Wissen an die Amerikaner verkauft hätte?«

»Natürlich. Boyles Tod ist allerdings für uns insofern nützlich, als Marzik jetzt mit solch einem möglichen Wissen nichts mehr anfangen kann.«

»Aber wenn Fürbeck Marzik bezüglich Boyle nicht zurückpfiff, wäre dieser ja nie auf die Rolle Boyles für unseren Militärischen Nachrichtendienst gekommen. Boyle hätte sich ihm ja wohl nicht offenbart«, sagte der Major.

»Ich muß zugeben, daß dieser Marzik dennoch eine beträchtliche Risikofigur darstellt«, warf der Oberst ein. »Es ist die Frage, ob wir dieses Risiko ausschalten.«

»Ja, wie denn?« schnaubte Gradski. »An welche Methoden dachten Sie denn? Bedenken Sie, daß Worte wie ›eliminieren‹ und ›liquidieren‹ nicht mehr zu unserem Sprachschatz gehören! Bei akuter Gefährdung unserer Sicherheit, quasi in einem Ausnahmezustand, mögen Notwehrmaßnahmen gerechtfertigt sein. Vielleicht hätte man Marzik zu Ulbrichts Zeiten vorschnell zum Staatsfeind abgestempelt, bloß weil er eine potentielle Möglichkeit zum Verrat gehabt hätte. Aber der Mann arbeitet für uns, und er soll auch weiterhin für uns arbeiten. Ich halte es für besser, ihn einzubinden, als ihn fallen zu lassen!«

»Er wird uns sogar noch sehr nützlich sein können«, fügte der Major hinzu. »Inzwischen arbeitet er nämlich in Köln für einen Finanzmakler namens Klaus Palenberg. Der organisiert unter anderem Kreditlinien für Transfergeschäfte. Unter anderem im Bereich Anlagenbau. Zwei westdeutschen Großfirmen hat er diesbezüglich Geschäfte mit Bulgarien vermittelt, und im Kielwasser diverse mittelständische Unternehmen nachgezogen. Und er vermittelt auch Embargo-Güter. Hochkomplizierte Elektronik, die die USA und die Länder der EG unter Exportverbot gesetzt haben, weil sie rüstungstechnisch anwendbar wäre. Daß wir im Bereich der Mikroprozessoren inzwischen einen führenden Standard haben, verdanken wir unter anderem diesem Palenberg. Marziks Informationen, was Palenber vorhat und was er arrangieren könnte, waren bislang für uns recht wertvoll. Marzik ist zwar kein Wirtschaftsfachmann, aber er ist Palenbergs Mann für heikle Abwicklungen, und obwohl Palenberg ihn ganz bewußt niemals in seinen Geschäftsräumen trifft, hat Marzik genügend Einblick in Palenbergs Geschäfte.«

Der Major spürte, daß er gegenüber Gradski ein paar Punkte gewonnen hatte. Er lehnte sich entspannt zurück, seine Offizierskollegen nickten beifällig.

»Gut und schön«, sagte Gradski, » aber das ist noch lange kein Grund, diesem Marzik unsere Kunstschätze anzuvertrauen.«

»Er informierte Fürbeck, daß Palenberg für einen Kölner Galeristen dieses Silberberg-Bild herausholen wollte. Palenberg arrangierte die finanzielle und organisatorische Abwicklung, offenbar ist dieser Galerist im Augenblick nicht besonders flüssig. Marzik sollte wie immer für die Durchführung zuständig sein. Das Ganze war und ist natürlich völlig illegal, aber hätten wir diese Transaktionen vereitelt, wäre Marzik als unser Verbindungsglied zu Palenberg unbrauchbar geworden. Und weshalb sollten wir Palenberg nicht einen Gefallen tun? Er wäre uns damit verpflichtet gewesen, er hätte völlig nach unserer Pfeife tanzen müssen! Das war unsere Überlegung. Natürlich hielten wir genügend Beweise zurück, um Palenberg und diesen Galeristen, Euler heißt er übrigens, im Bedarfsfall gegenüber den westdeutschen Behörden sofort auffliegen zu lassen. Zumindest die Steuerfahndung bei denen steht unserem Stasi-Apparat in nichts nach.« Der Major lachte, und die anderen schmunzelten ebenfalls. Auch Gradski.

»Aber war denn Palenberg für uns nicht schon längst erpreßbar? Dank Marzik wußten wir doch schon genug über seine Geschäfte. Auch über seinen Kokain-Konsum. Um einen relativ unwichtigen Informanten wie Marzik zu decken, der ja noch nicht einmal ein richtiger Agent ist, erscheint es mir übertrieben, ein Bild mit einem Millionenwert herauszugeben. Da stimmen doch einmal die Relationen nicht. Selbst Palenberg hätte für seine Dienste beim Technologie-Transfer und bei der Einrichtung von Joint-Venture-Firmen mit westlichem Kapital niemals solch eine Provision zugestanden werden dürfen wie sie seinem Anteil beim Erlös dieser Transaktion entspräche. Völlig überzogen. Auch da gibt es genaue Richtlinien, Genosse!«

»Natürlich, aber diese Angelegenheit hat für uns auch eine innenpolitische Bedeutung. Das dürfte in der Akte nicht vermerkt sein. Sehen Sie, Genosse Gradski, wir sind,nachdem Marzik uns orientiert hatte,nicht sofort der Frage nachgegangen, woher dieses Bild stammt. Wir stießen auf einen engen Mitarbeiter von Staatsrat Gerald Götting, dem Parteivorsitzenden unserer CDU, Werner Kreglitz.«

Die Offiziere raunten. Auch Gradski war erstaunt.

»Was, Kreglitz? Der macht solche Sachen? Ich habe ihn immer als hundertprozentig eingeschätzt. Wie kommt der überhaupt an einen echten Silberberg?«

»Kein echter. Eine Kope von einem Kunststudenten. Die wollte er als echt in den Westen verkaufen. Er behauptete gegenüber diesem Galeristen, er habe die Fälschung gegen das echte Bild ausgetauscht. Es war nicht nur eine bloße Kopie, sondern der Student hatte sich Mühe gegeben, das Bild wie ein leicht gealtertes Original wirken zu lassen. Er wollte Restaurator werden, es war für ihn ein Test, wie man ramponierte Werke alter Meister so überarbeiten könne, daß man hinterher die Eingriffe des Restaurators nicht sieht. Perfekt, sage ich Ihnen. Selbst dieser Galerist aus Köln ließ sich täuschen.«

So, und dann standen Sie also vor der Wahl, Kreglitz dem Staatsanwalt zu übergeben, oder ihn im Verein mit Marzik gewähren zu lassen?« kommentierte Gradski.

»Sie wissen, daß in der Öffentlichkeit sehr vehement über eine Änderung des Wahlrechts diskutiert wird, über die Möglichkeiten neuer Koalitionen und Listenverbindungen. Die SED ist jedoch darauf angewiesen, daß die anderen Parteien, die CDU, die LDPD, die NDPD und die Deutsche Bauernpartei nicht aus dem Demokratischen Block einer Einheitsliste, nicht aus der bewährten Nationalen Front ausscheren. Hätten wir einen Skandal um Kreglitz hochkochen lassen, würde die CDU trotz handfester Beweise gegen Kreglitz eine Intrige vermuten. Sie wissen, daß das Verhältnis zur CDU und zur LDPD in letzter Zeit etwas schwierig geworden ist. Ein Skandal um Kreglitz hätte die CDU gegen die SED aufgebracht. Und wenn nicht, dann wäre die gesamte Nationale Front in Verruf geraten. Dann hätte die Opposition ihre These bestätigt gesehen, die großen Parteibonzen setzten sich über alles hinweg, machten überall ihre eigenen schmutzigen Geschäfte, nutzen ihre Privilegien aus. Wir wollten den westlichen Propagandamedien keinerlei Indiz liefern, wieder einmal behaupten zu können, auf unseren oberen Etagen herrsche nur Korruption und Machtmißbrauch. Sie wissen, daß der einfache Bürger unbesehen das glaubt, was er im Westfernsehen sieht. Aber einen Skandal um Kreglitz hätten wir nicht als westliche Propagandalüge entlarven können. Also steckten wir Kreglitz, daß wir ihn durchschaut hätten, aber wir ließen ihn gewähren. Und Sie können sicher sein, daß er in Zukunft all seinen Einfluß in seiner Partei geltend machen wird, daß die CDU treu und fest zum Blockbündnis stehen wird!«

Der Major war mit sich zufrieden. Nach dieser Begründung konnte Gradski und das Politbüro keinerlei Einwände mehr gegen die Silberberg-Operation erheben. Er griff nun seinerseits nach einer Flasche Mineralwasser.

»Hoffentlich hat Kreglitz wirklich nur die Fälschung herausgegeben und nicht das Original«, bemerkte Gradski trocken.

9.

Sie trug hochhackige, schwarzglänzende Pumps, zarte Strümpfe mit Strukturmuster, und ihre schlanken, gut geformten Beine waren wirklich eine Augenweide. Ein quittengelbes Kostüm mit einem knapp sitzenden und eng geschnittenen Rock, kurz über den Knien endend, an der Hüfte und Gesäß die Rundungen betonend, unter der Jacke eine tief ausgeschnittene schwarze Seidenbluse mit breitem Kragen. Auf dem hochgesteckten brünetten Haar ein keckes Strohhütchen mit einem kleinen Tüllschleier. Ihr Mund war grellrot, volle schön geschwungene Lippen, und wenn sie ihr leichtes heiseres Lachen ausstieß, mit einer tiefen und sehr erotischen Stimme, dann schien sich dieser Raum von einer Pseudo-Kathedrale in eine glänzende Las-Vegas-Revue zu verwandeln.

Die Frau neben ihr hatte ebenfalls hochhackige, rote Sandaletten, Strümpfe aus Goldlamée und ein schwarzes Lederkleid, das sich an ihren gazellenartigen Körper schmiegte wie ein Taucheranzug. Bei den Ausstellungseröffnungen von Robert Euler war es immer schwierig zu entscheiden, ob die gezeigten Bilder schöner waren als die Frauen im Vernissagenpublikum.

Euler stellte heute einen Maler aus Leningrad aus, er hieß Wladimir Bodankov und verlor sich in wüsten Strichelungen in Pastellfarben. Wie immer verliefen die Unterhaltungen im gedämpften Flüsterton, der sich bisweilen in das Geraune einer Meeresbrandung bei Windstärke Null steigerte, dazwischen das spitze Lachen aus diesem weiblichen Kirschmund. Ein junges Mädchen in Kellnerschürze reichte ein silbernes Tablett herum; Euler verwöhnte seine Gäste mit einem herben Weißwein aus der Toskana, der leicht nach Eichenlaub schmeckte. Man stand in kleinen Grüppchen herum, aufgedonnerte Damen und graumelierte Herren in dunklen Blazern, ein paar bleichgesichtige junge Künstler mit schlechter Rasur, die Haare im Nacken zu einem kleinen Zopf geflochten und ein paar Jünglinge, die man auch im Rodenkirchener Ruderverein treffen konnte, in weit fallenden weißen Hemden ohne Kragen und Bubikopf-Frisur, hinten kurz wie beim Wehrmachtsfriseur, vorne über der Stirn eine schwungvolle Welle. Ein stoppelbärtiger Werbemanager im Clownsjackett, und Ingo Kümmel, der schon ziemlich angesoffen war und jedem erzählte, der es hören wollte oder nicht, er sei es gewesen, der Robert Euler vor fünfundzwanzig Jahren zum Beruf des Galeristen geraten hätte. Kümmel hatte früher selbst eine Galerie gehabt, inzwischen zog er nur noch mit Nachwuchskünstlern durch zugige Fabrikhallen und veranstaltete schräge Festivals mit einem Brecht-Rezitator und einer Karnevalskapelle, einem Aktionskünstler, der Klaviere aus dem Fenster kippte, ein paar Amateur-Lyrikern und Graffiti-Malern.

»Ich habe die Power, Euler«, grölte Kümmel, »du hast sie nicht mehr!«

Robert Euler wieselte zwischen den Gästen herum und lächelte gequält. Es sah so aus, als ob Kümmel recht hätte. Euler wirkte wie ein Mann, der nichts mehr riskieren wollte, satt und abgefertigt. Aber er hätte es niemals gewagt, Kümmel mit der Arroganz zu begegnen, die er sonst an den Tag legte, und er hätte es auch niemals gewagt, den besoffenen Kümmel rauszuschmeißen. In der Kölner Kunstszene galt Kümmel als Original. Er war sozusagen ein Heiligtum.

»Euler, hab ich dir nicht erklärt, was Fluxus ist?« schrie Kümmel. »Und dann stellst du so eine Scheiße aus!« Alle schauten auf Ingo Kümmel, einige pikiert, die meisten amüsiert. Ein mittelgroßer Mann mit kurzgeschorenem Haar, trotz des milden Wetters in einen grünen Parka gehüllt, mit roten Beulen auf dem zerfurchten Gesicht.

»Wieso magst du Bodankov nicht?« fragte ich ihn.

»Ich mag ihn schon. Ich mag jeden Menschen. Ich bin jedermanns Freund. Aber diese Bilder gehören in die Geschenkwarenabteilung vom Kaufhof. Ich kenn auch andere russische Künstler. Und lettische. Und aus Litauen. Richtiger Underground. Die machen mixed media, da fliegen dir die Ohren weg. Hätte ich ja dem Euler vermitteln können. Aber Euler würde mich nur abkochen. Ich hab ihm immer die Talente angeschleppt, fünfundzwanzig Jahre lang. Und was hat Euler gemacht? Selbst immer dick kassiert, und mich über den Tisch gezogen. Ich hab die Künstler entdeckt, und Euler hat sie berühmt gemacht. Ist ja okay, aber dafür läßt er mich heute nur diesen Pennerwein hier saufen!«

Ich löste mich von Kümmel, wechselte ein paar belanglose Worte mit einer Kritikerin-Kollegin vom Stadtanzeiger, ergatterte noch ein Glas Wein und pirschte mich an Euler heran. Seine Frau war heute nicht da, wie ich bemerkt hatte, und auch Dr. Hagenbusch war der Ausstellungseröffnung ferngeblieben. Hagenbusch schätzte diese Anlässe nicht, wo sich eigentlich niemand die Ausstellung ansah, sondern nur auf Party-Gags hoffte.

»Was halten sie von Bodankov?« fragte Euler.

»Es ist schwierig, seine Kunst mit westlichen Augen zu sehen«, antwortete ich diplomatisch. Ich konnte ihm ja schlecht erzählen, daß Kümmel mit seiner Kritik den Nagel auf den Kopf getroffen hatte.

»Unter Breschnew hat er zwanzig Jahre lang nur Ausstellungen in seinem Wohnzimmer gemacht«, erläuterte Euler. »Er ist auch heute noch nicht Mitglied im offiziellen Künstlerverband. Malverbot hatte es in der Sowjetunion nie gegeben, aber wer nicht dem Künstlerverband angehörte, bekam keine Ausstellung. Und durch Gorbatschows Politik der Öffnung haben die Künstler einen ungeheuren Nachholbedarf artikuliert, an Präsentation und Information, an Austausch. Diese Bilder hier kamen ganz einfach als Reisegepäck deklariert nach Köln. Einfach so. Früher wäre das undenkbar gewesen.«

»Aber Bodankov selbst ist nicht nach Köln gekommen?«

»Doch, aber er mußte gleichzeitig noch eine Ausstellung in Hamburg aufbauen. Deswegen ist er heute nicht hier. Wenn Sie ihn gerne persönlich kennenlernen möchten, ich kann das arrangieren.«

»Ich weiß nicht, ob ich es noch schaffen würde, einen Artikel in ›Kunst Spezial‹ unterzubringen«, wich ich aus.

»Ach ja, Sie publizieren ja sehr viel im Augenblick. Ich hörte, Sie arbeiten gerade an einer längeren Monografie über Silvanvivi? Großartiger Maler, es ist längst überfällig, ihn einmal größer herauszustellen.«

»Ja, Silvanvivi. Und meine Silberberg-Dissertation muß ich wohl auch umschreiben«, sagte ich scherzhaft. »Dieser

Zeitungsartikel, wo man bei einem Toten ein Foto von einem unbekannten Bild Silberbergs gefunden hat, weckt natürlich mein wissenschaftliches Interesse. Ich hatte bisher geglaubt, Silberbergs Gesamtwerk lückenlos erfaßt zu haben.«

»Selbstverständlich«, sagte Euler und wies auf das Bücherregal hinter dem Schreibtisch seiner Sekretärin, wo in einer Ansammlung von Kunstzeitschriften und Katalogen auch meine Doktorarbeit eingereiht war.

»Halten Sie es für möglich, daß vielleicht in der DDR noch unbekannte Silberbergs existieren? Der Schluß wäre doch naheliegend, nach dem, was in der Zeitung stand, über diesen toten Soldaten mit Ost-Geld in der Tasche?«

Ich hatte den Eindruck, in Eulers Gesichtsausdruck zöge ein leichter Schimmer von Argwohn ein. Er kniff ein ganz klein wenig seine Augen zusammen und verzog den Mund um die Breite eines Haares.

»Ich bin beruflich oft im Osten«, sagte er. »Ich kenne sämtliche öffentlich zugänglichen Kunstsammlungen zwischen Magdeburg und Moskau. Aber dieser unbekannte Silberberg? Das ist wirklich ein Rätsel. Aber das mindert natürlich nicht den Wert Ihrer Dissertation.«

»Es würde mich trotzdem reizen, der Sache auf den Grund zu gehen.«

»Sie würden nur Ihre Zeit vergeuden«, sagte Euler sehr bestimmt, um eine kleine Nuance zu heftig.

Normalerweise hätte Euler auf mein Wortgeplänkel mit Gleichmut reagieren müssen. Aber er beschwor mich eindringlich, ich solle meine Finger da raus lassen. Kunsthistoriker und Kunstkritiker bearbeiten gemeinhin das Material in öffentlichen Ausstellungen und Museen. Aber das Wort ›Privatbesitz! Zutritt verboten!‹ nagelten normalerweise nur Immobilienbesitzer an ihren Gartenzaun. Private Kunstsammler waren meistens recht umgänglich und sogar stolz darauf, wenn man ihre Sachen in eine wissenschaftliche Untersuchung einbezog, wenn man sie um Leihgaben bat. Es sei denn, sie hätten Angst vor der Steuerfahndung. Natürlich hätte ich nicht erwarten können, daß Euler einem Kunstkritiker seine internen Geschäftsabläufe offenbarte, aber seine Reaktion zeigte mir, daß er noch etwas anderes zu wahren hatte als nur ein Betriebsgeheimnis. Wäre der Silberberg-Deal kein krummes Geschäft, dann hätte Euler schon aus Gründen der Eitelkeit hinausposaunt, daß er es sei, der das unbekannte Bild aufgetrieben hätte. Eine Riesen-Reklame für ihn als Kunsthändler. Er hätte es mir, vielleicht auch anderen Presseleuten, in seiner Galerie gezeigt, bevor er es Dr. Hagenbusch oder jemand anderem überließ.

Euler hatte sich umgedreht und sich dem Kirschmund-Geschöpf zugewandt, und wie ich in diesem Moment etwas verloren dastand, mit einem halb ausgetrunkenen Weinglas in der Hand, da kam mir der Gedanke, daß Dr. Hagenbuschs Auftrag nur durch die Aufklärung des Mordes an dem Soldaten zu erfüllen wäre. Hinter Professor Hübner, hinter Euler her zu rennen wie ein hechelnder Hund hinter einem saftigen Stück Mettwurst brachte überhaupt nichts. Daß Euler offenbar auf eine krumme Tour den Silberberg aus der DDR rausgeschafft hatte und ihn nun Dr. Hagenbusch anzudrehen versuchte, ließ die Frage offen, was der US-Sergeant mit einem Foto von genau diesem Bild in der Tasche damit zu tun hatte. Hagenbuschs Auftrag an mich war nunmehr nicht eine simple kunstwissenschaftliche Nachforschung, sondern die Lösung eine Kriminalfalles.

Erst wenn die Frage beantwortet war, wer diesen Terry Boyle getötet hatte und warum, wegen des Silberberg-Bildes oder nicht, konnten Dr. Hagenbusch und ich die Angelegenheit abschließen. Daß der Notar die komplizierten Eigentumsverhältnisse, die in den Wirren der Zeit sehr verwischt worden waren, zu seinen Gunsten auszuschlachten vermochte, war eine Sache. Juristen bewerten das rein formal Richtige immer höher als das moralisch Angebrachte. Dr. Hagenbusch scheute sich dabei auch nicht, wie ein mieser Winkeladvokat zu argumentieren. Für die Mentalität eines Notars war das wohl stimmig. Aber daß an diesem Bild möglicherweise Blut klebte, war eine andere Sache.

Das vernünftigste wäre gewesen, von dieser Silberberg-Klamotte die Finger zu lassen, und zwar von Anfang an. Aber Hagenbusch war nicht vernünftig. Und ich auch nicht. Die 500 Eier für eine Fahrt zu Professor Hübner nach Hersel waren leicht verdientes Geld für mich gewesen. Normalerweise mußte ich mir dafür vier oder fünf Tage lang an meinem Textcomputer das Hirn zermartern. Dann drückten die Verleger die Kröten oft erst nach drei Monaten ab, nach diversen Mahnungen. Und Hagenbusch würde ja noch mehr Kohle ausspucken wollen, noch mehr als 500 Mark.

Euler gegenüber hatte ich wissenschaftliches Interesse vorgetäuscht. Aber dieses Interesse sollte ich nicht mir selbst vormachen. Auch nicht Dr. Hagenbusch. Der wollte nur wissen, ob er sich mit dem Ankauf des Bildes in die Nesseln setzte. Er bezahlte mich dafür, ihm dieses Wissen ranzuschaffen. Um einen Erkenntnisfortschritt, um den ein Mann wie Professor Hübner sein Leben lang gerungen hatte, ging es dabei überhaupt nicht. Weder jetzt noch in anderen Zusammenhängen. Ich stand an diesem Abend nur aus einem einzigen Grund in Eulers Galerie herum, nicht wegen des russischen Malers, der gerade hier ausstellte, nicht wegen der aufgetakelten, geilen Schickeria-Miezen, noch nicht mal wegen Eulers Toskana-Wein, sondern nur, weil ich auf einen zweiten Scheck von Dr. Hagenbusch scharf war.

Aber wie sollte ich nun weiter vorgehen? Ich hatte keinerlei Erfahrungen als Kriminalist. Nach West-Berlin zu fahren und mit den Ermittlern der amerikanischen Militärpolizei, der Sicherheitsdienste usw. konkurrieren zu wollen, wäre wohl ziemlich affig gewesen. Wenn das tatsächlich nicht nur ein simpler Mordfall war, daß irgendein Junkie oder Strichjunge den Soldaten umgeblasen hatte, ein eifersüchtiger Nebenbuhler oder ein Straßenräuber, sondern - wie die Zeitungen ja angedeutet hatten - hier eine Spionage-Klamotte ablief, dann war überhaupt nicht abzusehen, welche Wellenbewegungen man auslöste, wenn man auch nur einen klitzekleinen Kieselstein in das Wasser warf. In der DDR war es in den letzten Monaten drunter und drüber gegangen. Zehntausende waren in Richtung Westen abgehauen, hunderttausende hatten demonstriert, Woche für Woche, die Regierung, die Mitglieder des Politbüros, diverse Minister waren ausgewechselt, neue Gesetze verabschiedet worden. Hinter den Kulissen erbitterte Machtkämpfe. Reiseerleichterungen. Öffnungen der Grenze, zumindest einen Spalt breit. Flüchtlinge, von den Politikern betulich als ›Übersiedler‹ bezeichnet, in versifften Turnhallen untergebracht, eine ganze Menge von ihnen skrupellosen Kredithaien in die Finger gefallen, und bei all dem Theater zogen Leute wie Euler ihre teils ehrbaren, teils äußerst fragwürdigen Transaktionen ab. Und die Leiche eines amerikanischen Soldaten, mit zerknülltem Ost-Geld und einem Foto, das ein bedeutendes Kunstwerk darstellte. Alles ein bißchen wie eine Brecht-Oper, nur auf digital getrimmt. Mikro-Chip-Gangster.

Ideologien unterlagen in dieser Zeit größeren Kursschwankungen als die Aktien an der Börse. Kümmel hatte ein paar Freaks im Gruftie-Look um sich versammelt, wild toupierte Haare, weiß geschminkte Gesichter, violett geschminkte Augenhöhlen. Draußen vor der Tür heiseres Gegröle von zwei Pennern. Robert Euler drängte auf ein rasches Ende seiner Veranstaltung, zelebrierte hastige Verabschiedungen. Das Mädchen mit der Kellnerschürze sammelte die leeren Gläser ein, die achtlos auf den Sockeln der Bronzeskulpturen abgestellt waren. Neben acht Bildern von dem Russen hatte Euler einen kleinen roten Punkt geklebt, das sollte ›verkauft!‹ bedeuten, aber bestimmt hatte Euler dabei in sieben Fällen geblufft. Aber das hieß für den Außenstehenden, wenn acht Idioten diesen Ramsch gekauft haben, kann das Zeug nicht so schlecht sein, lang du auch zu, bevor alles weg ist. Euler war clever. Wie ein Losbudenbesitzer auf dem Rummelplatz, der giftgrüne Teddybären als Hauptgewinn unters Volk brachte.

10.

Ein eisiger Herbstwind wirbelte das braune, abgestorbene Laub über den Barbarossaplatz. Der Regen klatschte gegen Palenbergs Bürofenster, schwappte gegen die Scheiben wie der Inhalt eines Putzeimers, der in hohem Bogen ausgegossen wurde. Es war einer der ersten richtig ungemütlichen Tage nach einem schönen, langen, heißen Sommer.

»Verdammter Mist«, brummte Klaus Palenberg, »wir hätten mit der Transaktion einfach drei Monate warten sollen. Aber wer hätte damals ahnen können, daß die DDR ihre Grenzen nach Westen öffnen würde? Zehntausende von Touristen spazieren jetzt jeden Tag ohne viel Trara durch die Mauer. Und wir haben uns damals im Sommer den Kopf zerbrochen, wie wir das Bild rüberkriegen.«

»Ich habe mir den Kopf zerbrochen, nicht du«, beharrte Marzik. Er hatte sich wieder in der Sitzecke breit gemacht und kaute an einem Streichholz. Diesmal hatte Klaus Palenberg ihm einen Aschenbecher hingestellt, aber Marzik rauchte nicht. Als ob er Palenberg ärgern wolle.

»Naja«, räumte Palenberg ein. »Jedenfalls wäre die Transaktion jetzt bei der veränderten Lage, mit all den neuen Besuchserleichterungen kein Problem mehr. Wir hätten keinen einzigen Pfennig in diesen Ami als Mittelsmann investieren müssen. Keinerlei Risiko, viel weniger Aufwand. Und wir hätten diesen Ami nicht als Leiche am Hals gehabt.«

»Täusch dich da bloß nicht, Klaus. Die ersten Tage nach der Öffnung der Mauer herrschte in Berlin Karnevalsstimmung. Aber der DDR blieb gar nichts anderes übrig, als die Grenzkontrollen wieder zu verschärfen. Was meinst du, was die Leute aus dem Osten alles rausschleppen würden, um im Westen an Devisen zu kommen? Meißner Porzellan und was weiß ich. Neben dem Schwarzmarkt der Polen noch eine weiterer Schwarzmarkt mit DDR-Touristen? Berlin ist jetzt ein ideales Pflaster für Spekulanten und Devisenschieber. Das hätte unsere Silberberg-Aktion eher erschwert. Kannst mir glauben.«

Stefan Marzik zermalmte ein zweites Streichholz zwischen den Zähnen. Palenberg registrierte Marziks Geschmatze mit Widerwillen.

»Das gibt jedenfalls eine Bombenkonjunktur. Allein schon wegen des Begrüßungsgeldes. Jeder DDR-Besucher kriegt von uns 100 DM. Bei fünf Millionen Besuchern pro Jahr sind das 500 Millionen. Und was machen die Leute mit diesem Geld? Sie geben es bei uns aus, in unseren Supermärkten und Warenhäusern. Riesenumsätze. Soll ich dir mal vorrechnen, was unser Finanzminister über die Mehrwertsteuer, Gewerbesteuer usw. von diesen 500 Millionen sofort wieder in seine Staatskasse reinholt?« dozierte Palenberg.

»Du hast gehofft, über die Silberberg-Sache weitere Kontakte für Ost-Geschäfte zu bekommen. Läuft doch alles prima für dich Klaus. Da könntest du auf meinen Anteil am Silberberg-Erlös ruhig noch was draufpacken!«

Palenberg kniff die Augen zornig zusammen. Er hatte auf

Zeit gespielt, denn es war das Vernünftigste gewesen, das Bild erst mal auf Eis zu legen. Aber Euler und Marzik waren ihm immer wieder auf die Pelle gerückt. Euler wollte den drohenden geschäftlichen Ruin abwenden, und Marzik wollte die schnelle Mark machen. Es war ein verdammt harter Eiertanz gewesen, beide zu überzeugen, daß sie sich erst einmal ruhig verhalten sollten.

»Es gibt noch gar keinen Erlös!« raunzte Palenberg. »Und bisher hat mir die Sache nur Ärger eingebrockt. Meine bisherigen Ost-Kontakte in der DDR nützen mir jetzt nicht allzuviel. Da sind eine ganze Menge Köpfe gerollt. Unseren Freund mit dem Silberberg-Bild haben sie auch geschaßt. Das große Aufräumen. Sicherlich haben sich ein paar Funktionäre, die sie rausgeworfen haben, inzwischen schon wieder einen anderen Posten ergattert. Aber unser Freund ist weg vom Fenster, wie man so schön sagt. Ich wage gar nicht daran zu denken, wenn irgendein Untersuchungsausschuß ihm bezüglich Silberberg auf die Schliche kommt.«

»Eben deswegen solltest du deinen Auftraggeber, diesen Galeristen drängen, das Bild so schnell wie möglich loszuwerden. Das West-Geld, das wir dem Verkäufer in den Rachen gestopft haben, ist keine Spur, die zu uns führt. Kein Beweis. Wohl aber das Bild. Wenn sie es schaffen, dir etwas anzuhängen, bist du für alle anderen künftigen Ost-Geschäfte erledigt. Für die verschiedenen Interessengruppen in der DDR ist das doch das ideale Fressen. Die eine Seite kann behaupten, seht her, wie ein paar gewissenlose Gangster unseren Sozialismus ausgeplündert haben! Und die andere Seite wird sich hinstellen und behaupten: hier habt ihr den Beweis, welch miese Geschichten der Stasi aufgezogen hat oder zumindest gebilligt hat! Der oberste Stasi-Chef Mielke hat sich ja gegen seine Entmachtung gewehrt. Aber selbst wenn sie diesen Opa aufs Altenteil abschieben, so sitzen ja immer noch genug Mielke-Leute in allen Etagen des Sicherheitsapparates. Die Oppositionsbewegung fordert, diesen Apparat völlig neu zu strukturieren. Wenn also jetzt gefordert wird, Korruption und Machtmißbrauch genauestens zu untersuchen, und wenn der Verkäufer des Bildes sich in die Enge getrieben sieht und auspackt, dann wird die Opposition nicht zögern, die Silberberg-Aktion in der Öffentlichkeit hochzukochen. Damit die Empörung so groß wird, daß die Alt-Stalinisten aus der Mielke-Gefolgschaft restlos weggefegt werden. Und weil sie gleichzeitig Schiß haben, daß die wirtschaftlich reiche Bundesrepublik die arme DDR schluckt, und daß in der DDR ein richtiger Ausverkauf passiert, wird man deine Person als drastisches Beispiel heranziehen. Tja, Klaus, vor drei Monaten war das noch ein simples Schmuggelgeschäft, und jetzt müssen wir aufpassen, nicht zum Spielball der Politik zu werden.«

»Was soll denn der Stasi mit der Sache zu tun haben?«

»Sei doch nicht blöd, Klaus. Stell dir nur mal rein hypothetisch vor, der Stasi hat ziemlich früh von der Sache Wind gekriegt oder sie sogar eingefädelt. Sie haben deinen Freund, den Galeristen, als Marionette benutzt, als sie ihm über diesen Funktionär das Bild anboten. Vielleicht hat der von Anfang an bei einer Stasi-Klamotte mitgespielt, vielleicht haben sie ihn dazu erpreßt, oder sie haben sich irgendwann da reingehängt. Sie glauben, damit eine Intrige auf eine höchst raffinierte Tour zu inszenieren, und dann ist ihnen durch die Ereignisse, durch die Umwälzungen der letzten Wochen, die Sache aus dem Ruder gelaufen.«

»Dieser Funktionär so eine Art ›agent provocateur‹? Stefan, das hört sich ja völlig absurd an. Wie ein billiger Krimi.«

»Ein billiger Krimi, wo es um 'ne Menge Kohle geht, mein Freund. Ich hab mir mal 'n paar Auktionskataloge reingezogen. Der Silberberg könnte gut drei Millionen bringen.«

»Unsinn. Ich hab dir schon mal zu erklären versucht, daß wir ihn weit unter Wert abgeben müssen.«

»Weil die legale Herkunft nicht nachweisbar war, weil der mögliche Käufer von vorneherein hätte wissen müssen, daß er auf eine krumme Tour an den Schinken kommt. Inzwischen sieht das aber doch anders aus. Altes Erbstück. Irgend so'n Typ in der DDR wußte nichts damit anzufangen und hatte es jahrelang in seinem Keller versteckt. Aber als er dann in den Westen rübermachte, einer von Hunderttausend Übersiedlern, da hat er das Bild mitgenommen. Und dann direkt im Aufnahmelager seinen Trabbi verscherbelt, und das Bild. Um Kohle für sein neues Leben im Westen zu haben. Ist doch scheißegal, ob er sein Auto verkauft oder ein Kunstwerk. Dann fälschen wir eine Quittung, daß das Bild einem, sagen wir Karl Müller gehört hat. Und dann soll mal jemand versuchen, unter 60 Millionen Bürgern hier bei uns einen Karl Müller aufzutreiben, der aus der DDR stammt, um die Sache zu überprüfen. Das schafft bei diesem Allerweltsnamen nicht der beste Computer.«

»Stefan, dein Vorschlag ist völlig abwegig. Kein Museumsdirektor würde sich auf solch eine hanebüchene Geschichte einlassen. Ein Privatsammler? Vielleicht. Aber das heißt nicht, daß wir plötzlich mehr Geld aus der Angelegenheit herausholen könnten als ursprünglich kalkuliert.«

Marzik zündete sich nun doch eine Zigarette an. Nahm einen kräftigen Lungenzug und hatte den Büroraum im Nu eingenebelt. Palenberg wischte die Rauchschwaden demonstrativ beiseite.

»Und ich darf dich daran erinnern, daß der Mordfall Boyle zwar aus den Schlagzeilen verschwunden, aber immer noch nicht aufgeklärt ist. Bisher hatten wir Schwein gehabt, daß die amerikanischen Ermittler sich auf den Spionageverdacht konzentrierten und dem Foto von dem Gemälde keinerlei Bedeutung beimaßen. Gut für uns, daß sie Boyle für einen Spion halten und nicht für einen Schmuggler. Vielleicht war er gleichzeitig auch tatsächlich ein Spion.«

»Könnte sein«, gab Marzik zu. »Ich hab mir das im nachhinein überlegt. Von seiner Mentalität her wäre Terry der Typ für sowas gewesen. Wer mit Dope dealt, der vertickt auch Militärgeheimnisse. Terry fuhr ja oft genug in den Osten rüber. Wahrscheinlich hat er dabei nicht nur ein paar Schreibtischlampen rübergemaggelt, die Kids in Ost-Berlin mit Gras versorgt und dann irgendwo 'ne billige Nutte geknallt. Hat versucht, mit geheimen Unterlagen das ganz große Geschäft zu machen. Aber das konnte ich nicht ahnen, als ich ihn in Sachen Silberberg einspannte. Aber was soll's, scheiß drauf.«

»Die Sache ist noch nicht ausgestanden«, beharrte Palenberg. »Erst vor ein paar Tagen haben Politiker verschiedener Parteien gefordert, bei Straftaten, in die amerikanische NATO-Soldaten als Täter oder Opfer verwickelt sind, künftig die deutsche Staatsanwaltschaft einzuschalten und den Fall nicht mehr ausschließlich der amerikanischen Militärgerichtsbarkeit zu überlassen. Der Anlaß dazu ist nicht der Fall Boyle. Sondern die Tatsache, daß in fünf Fällen das Militärtribunal bei US-Stützpunkten in Bitburg und Frankfurt gegen Soldaten, die des Mordes überführt waren, Todesurteile verhängt hat. Die sind auch in den Staaten vollstreckt worden. Nun ist bei uns heute die Todesstrafe abgeschafft. Deswegen die Forderung nach Ermittlung durch deutsche Behörden und Aburteilung nach deutschem Recht. Um Todesurteile zu verhindern. Jetzt stell dir also vor, die deutsche Polizei und die deutsche Staatsanwaltschaft rollen den Fall Boyle neu auf. Und die gehen völlig anders vor, klemmen sich hinter das Foto von dem Silberberg-Gemälde!«

»Ein weiterer Grund, dieses Bild so schnell wie möglich

loszuwerden. Der endgültige Käufer wird clever genug sein, nicht hinauszuposaunen, was er sich da als Neuerwerbung rangezogen hat. Sein einziger Kontakt ist der Galerist. Gut, der könnte dich verpfeifen, und du könntest mich verpfeifen...«

Palenberg lehnte sich zurück, genoß das Wispern der Stahlrohrfeder, auf der die Sitzfläche seine Stuhles ruhte. Er mußte zugeben, daß Marzik recht hatte. War das Bild erst einmal im Tresor des Käufers verschwunden, dann war alles ausgestanden. Wenn alle dicht hielten. Aber wenn Euler durchdrehte? Der würde kein knallhartes Verhör überstehen. In Sachen Boyle konnte man Palenberg nichts anhängen. Noch nicht einmal Beihilfe, falls Marzik tatsächlich mehr Dreck am Stecken hatte, als er zugab. Den CDU-Funktionär drüben im Osten konnten sie ruhig in die Mangel nehmen. Der hatte nur Euler und Marzik als persönliche Kontaktleute kennengelernt. Und den Ami. Durch die Erzählungen des Funktionärs war Palenberg in strafrechtlicher Hinsicht nicht beweiskräftig zu belasten. So schätzte zumindest Palenberg die Situation ein. Den Geldtransfer zum Ankauf des Bildes hatte Palenberg so geschickt kaschiert, daß auch der abgekochteste Buchprüfer oder Steuerfahnder ihm nichts anhängen konnte. Simple Prozesse wegen Steuerhinterziehung oder Zollvergehen schreckten Palenberg nicht. Er war sogar schon aus drei Anklagen wegen Betruges mit Freispruch aus dem Gerichtssaal rausmarschiert, als sich ein Haufen Anleger von Palenberg geprellt gesehen hatten.

Doch wenn Euler auspackte, wenn der reinen Tisch machte und nicht nur die Silberberg-Klamotte, sondern noch andere Transaktionen mit Palenberg auswalzte, dann sah es für den Finanzmakler Klaus Palenberg zappenduster aus. Dann würde alles zusammenbrechen wie ein Kartenhaus beim leisesten Luftzug. Nicht nur die Ost-Geschäfte, bei denen Palenberg seinen Kunden geraten hatte, Devisenterminge-schäfte auf Dollar-Basis zurückzustellen, um die Kursentwicklung der DDR-Mark zu beobachten. Mit harter Währung konnte man angesichts eine Inflationsrate von 12% in der DDR eine Menge rausholen. Langfristige Anlagen würden erst in fünf oder sechs Jahren eine günstige Rendite bringen, bis die DDR-Wirtschaft durchsaniert war. Palenberg kam zu der Ansicht, daß es besser gewesen wäre, von dieser windigen Silberberg-Sache die Finger zu lassen. Für ihn, der in anderen Kategorien dachte als Stefan Marzik, war der Preis mittlerweile zu hoch.

11.

Marina Euler lenkte ihren BMW genau auf den Ehrenfelder Fernsehturm zu. Kürzlich hatte man die Spitze mit einem neuen Sendemast aufgestockt, in rot-weißen Streifen, und in der klaren, kalten Herbstsonne sah das Ding aus, als ob man dem Turm einen Eislutscher aufgeplanzt hätte. Sie kam aus Düsseldorf, von ihrem Geliebten. Am Nachmittag war der Termin beim Anwalt, und vorher wollte sie unbedingt mit Robert reden. Sie trug ein einfaches braunes Strickkleid, dezentes Make up, der Mantel aus Samtleder lag auf dem Rücksitz.

Insgeheim fürchtete sie sich vor der Begegnung mit Robert. Er war zwar kein Choleriker, sie hatte keine Angst, daß die ehelichen Auseinandersetzungen in Gewalttätigkeiten ausarten würden. Aber Robert konnte ziemlich gehässig sein, und ziemlich verletzend. »Heirate ruhig diesen Windhund«, hatte Robert gesagt, »steck ruhig dein Geld in diese Werbeagentur. Ihr werdet keinen einzigen lukrativen Auftrag bekommen. Ich hab meine Beziehungen. Auch zur Werbebranche. Ich werde schon dafür sorgen, daß du diesen

Schritt noch bereust.« Marina Euler tat das nicht als leere Drohung ab, sie hatte während ihrer Ehe mit Robert Euler genug von seinen Tricks und seinen Intrigen mitbekommen. Daß er ihr und ihrem neuen Lebensgefährten jedoch ernsthaft schaden konnte, bezweifelte sie. Aber er würde bis zur endgültigen Scheidung noch ziemlich viel Dreck aufwirbeln. In der feinen Kölner Gesellschaft würde man sich das Maul über die Verhandlung ›Euler gegen Euler‹ zerreißen. Auf dem Presseball letzte Woche hatte sich Marina Euler schon ziemlich unwohl gefühlt. Vielleicht hatte sie auch einige angeblich vielsagende Blicke nur mißverstanden, eine harmlose Bemerkung als Stichelei fehlinterpretiert. Aber sie wußte, daß Robert überall rumerzählte, seine Frau würde ihn fertig machen wollen.

Auf dem Ehrenfeldgürtel mußte sie an der Ampel anhalten. Diese blöden Verkehrsplaner schafften es einfach nicht, eine grüne Welle zu schalten. Die Bahnunterführungen hatte man weißgekalkt, den Stuck an den Häusern aus der Gründerzeit herausgeputzt, Wappen auf die Fassaden gemalt. Marina Euler wunderte sich, wie sehr man den einstmals verrotteten Industrievorort aufgepeppt hatte. An der Oskar-Jäger-Straße eine riesige Autowaschanlage, alles sehr amerikanisch. Ein Dutzend Autofahrer hantierte dort mit den Staubsaugerschläuchen in den einzelnen Boxen. An der Wüllnerstraße wendete Marina Euler, fuhr ein Stück über den Gürtel zurück. Das Haus der Eulers lag an der Rautenstrauchstraße. Direkt am Kanal, der sich vom Ostasiatischen Museum längs durch einen schmalen Park bis zum Stadtwald hinzog. Kastanien- und Lindenbäume, die jetzt schon fast kahl waren, und Robert hatte wieder vergessen, das Laub in der Garageneinfahrt zusammenzufegen. Das Wort ›Villa‹ wäre für den Besitz der Eulers eine übertriebene Bezeichnung gewesen. Es war ein Bungalow aus den fünfziger Jahren, mit schmiedeeisernen Gittern vor den Fenstern im Keller- und Erdgeschoß, ein Schindeldach mit leichter Schräge, dahinter ein Garten, der mit Pinien und Zypressen so bepflanzt war, daß er von den Nachbargrundstücken keinerlei Einsicht bot. Robert hatte vor ein paar Jahren den Tick gehabt, hier japanische Gräser anzulegen, japanische Kirschbäume und ein paar andere Gewächse, wie man sie sonst nur aus dem Botanischen Garten neben dem Zoo kannte.

Sie ließ den Wagen vor der geschlossenen Garagentür stehen. Robert hatte seinen Wagen vor dem Haus geparkt, hatte sich noch nicht mal die Mühe gemacht, ihn aufs Grundstück zu fahren und so dämlich abgestellt, daß Marina Euler zweimal zurücksetzen und das Lenkrad scharf einschlagen mußte, um ihren BMW einparken zu können. Auch wegen der Autos hatte es kürzlich Streit gegeben. Robert hatte gemosert, als Zweitwagen sei ihr BMW im Unterhalt zu teuer. Daß er mit seinem eigenen Wagen die Einfahrt blockierte, war eine niveaulose Schikane, wie Marina Euler fand.

Als sie die Tür aufgeschlossen und die Diele betreten hatte, war alles ruhig. Totenstill, im wahrsten Sinne des Wortes. Robert hatte doch versprochen, hier zu sein. Marina Euler warf einen Blick in den Wohnraum, ins angrenzende Eßzimmer, in die Küche. Nichts. Vielleicht war Robert oben im Arbeitszimmer? Sie warf ihren Mantel irgendwo auf einen Stuhl und stieg die Treppe hoch. Im Arbeitszimmer war auch Fehlanzeige. Auf dem Schreibtisch drei ungeöffnete Briefe, nichts deutete darauf hin, daß Robert das Zimmer in allerletzter Zeit noch benutzt hatte. Plötzlich wurde es ihr unheimlich. Rein äußerlich gab es dazu keinen Grund. In den letzten Monaten hatten sich die Eheleute Euler hier in dem gemeinsamen Haus nur selten gesehen. Allein in diesem Bungalow zu sein, ihn nicht anzutreffen, wenn sie kam, war durchaus nichts Ungewöhnliches. Aber im Einhalten von

Verabredungen war Robert immer korrekt gewesen. Er hatte schließlich zugestimmt, sich vor dem Termin beim Anwalt zu einer Aussprache zusammenzusetzen. Wieso war er jetzt nicht da? Bei allen Galligkeiten, die Robert zuletzt an den Tag gelegt hatte, wäre es nicht sein Stil gewesen, diese Aussprache einfach platzen zu lassen. War ihm etwas dazwischengekommen? Sie ging wieder hinunter, suchte nach einer Nachricht. Ein Zettel auf dem Telefontischchen oder auf dem Sideboard mit der Hausbar. Nichts. Marina Euler spürte ein kaltes Kribbeln im Nacken. Irgendetwas stimmte hier nicht.

Auf dem Wohnzimmertisch stand eine halb leere Cognacflasche. Daneben ein Schwenkglas und ein Wasserglas. Marina Euler goß sich einen Schluck in den Schwenker, kippte ihn in einem Zug hinunter. Die Kehle brannte, und sie begann zu husten. Sie griff nach der kupfernen Siphonflasche mit dem Sodawasser, ein altmodisches Utensil, wie es die Barmixer vor dreißig Jahren verwendet haben mochten. Ein Druck auf den Hebel ließ Soda mit brubbelndem Zischen in das Wasserglas laufen. Schmeckte irgendwie komisch, da Zeug. Nicht nach Chinin oder Tonic. Medizin, ja, es schmeckte nach Medizin. Unangenehm. Marina Euler schüttelte sich. Als junges Mädchen hatte sie mal an einem Hautausschlag gelitten. Die Salbe, die sie damals auf die betroffenen Stellen aufreiben mußte, hatte einen widerlichen Geruch gehabt, den sie nie in ihrem Leben vergessen konnte. Der Schluck aus diesem Wasserglas rief ihr schlagartig die Erinnerung an diese grauenhafte Salbe ins Gedächtnis zurück. Hatte Robert eine seiner komischen Tabletten in diesem Glas aufgelöst?

Sie ging wieder nach oben, zögernd wie ein Tier, das Gefahr wittert. Langsam, vorsichtig einen Fuß nach dem anderen auf die Stufen setzend. Dieses kalte Kribbeln im Nacken lief ihr nun den ganzen Rücken hinunter. Marina Euler schaute in ihr Schlafzimmer. Alles wie gehabt. Aber dann, zwischen der Tür zu Roberts Schlafzimmer und dem Bad, die gekrümmte Gestalt am Boden - Marina Euler stieß einen spitzen Schrei aus.

Zunächst war sie instinktiv zurückgewichen, gegen das Treppengeländer gestolpert. Dann hatte sie sich vorsichtig an die Gestalt herangetastet. Es war Robert.

Er trug einen zerknitterten Straßenanzug, lag halb auf der Seite. Ein Arm hing schlaff herab, war abgerutscht. Die Finger in der anderen Hand waren in einer eigenartigen Steiffigkeit verkrümmt. Die Augen starrten glasig ins Leere, durch die Wände hindurch und durch Marina Euler hindurch. Sie schauderte zusammen. Die Lippen bläulich verfärbt.

Kein Zweifel, Robert Euler war tot.

Marina Euler tastete sich an den Toten heran, versuchte den Puls zu fühlen, obwohl sie spürte, daß das sinnlos war. Sie fühlte sich wie betäubt. Ihr Herz krampfte sich zusammen, und ihre Glieder schienen aus Gummi zu sein. Sie stand da und machte nichts - vielleicht fünf Minuten, aber es schien eine Ewigkeit zu sein. Als sie die Treppe wieder hinunterstieg, mußte sie sich am Geländer festhalten. Sie griff zum Telefon. Als sie den Hörer wieder auflegte, fing sie hemmungslos an zu schluchzen.

Notarzt und Polizei brauchten eine knappe Viertelstunde. Der Arzt gab Marina Euler eine Spritze, telefonierte nach ihrer Schwester, bei der Marina die nächsten Tage bleiben sollte. Bei dem Schock durfte sie nicht ohne Aufsicht und Betreuung sein. Zur Beobachtung ins Krankenhaus zu fahren, hatte Marina Euler abgelehnt, und die Schwester hatte diese Ablehnung unterstützt.

Kriminalhauptkommissar Sechler war ein leicht korpulenter, gemütlich wirkender Mitvierziger mit einem braunen Kinnbart, der von leichten grauen Fäden durchzogen war. Er trug eine modische Brille mit ockerbrauner Fassung, Jeans, und darüber einen Pullover mit Fischgrätmuster, der gar nicht zu der snobistischen Brille paßte. Seine dunklen Mini-Pli-Locken wirkten leicht zerzaust. Sechler schaute sich in dem Bungalow nur kurz um, aber er hatte auch mit seinem scheinbar flüchtigen Blick alles sofort präzise erfaßt. Die Cognacflasche auf dem Wohnzimmertisch, den Soda-Siphon und die zwei Gläser ließ er sofort ins Labor schaffen. Schnapsflasche und Siphon erwiesen sich als harmlos, im Wasserglas fand man Rückstände eines ziemlich stark wirkenden Barbiturats, und Sechler war ziemlich ärgerlich, als er bei einer späteren Vernehmung von Marina Euler erfuhr, daß sie diese beiden offenbar schon von Euler benutzten Gläser auch noch gebraucht hatte.

Als das der Öffentlichkeit bekannt wurde, stand Marina Euler in keinem allzu guten Licht dar. Böse Zungen behaupteten, sie habe irgendwelche Spuren verwischen wollen. Denn die Obduktion von Eulers Leichnam hatte ergeben, daß eine tödliche Mischung aus Alkohol, Kokain und diversen Medikamenten zu einem Herzkollaps geführt hatte. Anzeichen für einen vorsätzlichen Selbstmord gab es nicht. Euler hatte ja keinen Abschiedsbrief hinterlassen. Alles sprach dafür, daß Euler sich zuviel zugemutet hatte. Er war schon seit drei Jahren wegen Herzbeschwerden in ärztlicher Behandlung gewesen, wie die Zeitungen auswalzten. Es sah nach Tod durch Drogenmißbrauch aus. Überdosis. Bedauerlicher Unfall.

Doch mit dieser Version gab sich Hauptkommissar Sechler nicht zufrieden. Er ließ den Pressesprecher des Polizeipräsidiums erklären, ein Fremdverschulden sei beim derzeitigen Stand der Ermittlungen nicht völlig auszuschließen. Es sei noch gewissenhaft zu prüfen, ob nicht jemand anderer Euler diese Drogen, zumindest teilweise, verabreicht habe. War er vielleicht vorsätzlich vergiftet worden? Oder hatte ihm jemand das Koks und die Pillen reingeschoben, ohne zu wissen, daß Euler das Zeug mit seiner Herzlabilität gar nicht vertragen konnte? Dann wäre wegen fahrlässiger Tötung zu ermitteln.

Zwar wurde Kriminalhauptkommissar Alfred Sechler schon am gleichen Tag von seinem Polizeipräsidenten gerüffelt, er hätte sich vorsichtiger äußern sollen, aber die Zeitungen stürzten sich auf diesen Fall wie Hyänen auf einen ausgemergelten Kadaver in der gleißenden Wüstensonne. ›Kölner Galeristenpapst - geheimnisvoller Tod!‹ - ›Rätsel um Tod des Kölner Galeristen!‹ waren noch die harmlosesten Schlagzeilen.

Marina Euler war nicht nur mit den Nerven völlig fertig, sondern durchlebte sogar eine ernsthafte psychische Krise. Schnaufige Reporter hatte beim Haus der Schwester den Vorgarten zertrampelt, sogar die Scheibe vom Klofenster eingeschlagen, um einen Blick in die Bude erhaschen zu können. ›Warum mußte Robert Euler sterben?‹ - ›Trieb untreue Ehefrau Galeristen in den Tod?‹ - ›Was gewinnt Marina Euler durch den Tod ihres Mannes?› - ›Robert Euler: Opfer einer Ehetragödie?‹ All diese Überschriften wurden ihr in Fettdruck um die Ohren geschlagen. Eulers private Probleme wurden durchleuchtet, bis auf die Puffbesuche in Meckenheim hatten sie alles rausgekriegt. Ein riesiger Kübel Dreck wurde über die scheidungswillige Gattin ausgekippt. Und da sie wußte, daß Robert auch viele einflußreiche Freunde bei der Presse gehabt hatte, erschien ihr diese Kampagne als Rache des Verstorbenen, oder für den Verstorbenen.

Nach zwei Nervenzusammenbrüchen wurde Marina Euler in ein Sanatorium im Odenwald eingeliefert, wo man sie völlig abschirmte.

Doch auch die Kunsthändlerkollegen bekamen ihr Fett weg. ›Trieben Konkurrenten Euler in die Pleite?‹ - ›Robert

Euler: Opfer der Galeristenmafia?‹ - ›Sizilianische Vendetta im rheinischen Kunstgeschäft?‹

Es hieß, die Kunstsammlung von Nordrhein-Westfalen habe Euler auf einer Monumentalskulptur von Richard Serra sitzen lassen und stattdessen einem Hamburger Galeristen ein Werk von Per Kirkeby abgekauft. Kurz zuvor war Euler aus dem Bundesvorstand des Kunsthändlerverbandes abgewählt worden, das Finanzamt verlangte von ihm eine Steuernachzahlung von über 100 000 DM.

Am Abend vor seinem Tod war Robert Euler zusammen mit dem Finanzierungsberater Klaus Palenberg im Müngersdorfer Stadion auf der Prominententribüne gesehen worden, als der 1. FC Köln im Europapokal gegen Roter Stern Belgrad antrat.

Palenberg sagte aus, Euler habe über leichtes Unwohlsein geklagt, sich aber keineswegs auffällig verhalten. Von einer depressiven Stimmung, die in einen Selbstmord hätte führen können, hatten auch andere Tribünengäste nichts bemerkt. Palenberg und Euler hatten zuletzt häufig Fußballspiele besucht, waren auch zusammen im Eisstadion gesehen worden, wenn der Eishockey-Club KEC antrat. Nach dem Fußballspiel waren die beiden noch zusammen im ›Melody‹ auf der Dürener Straße gewesen, ein Lokal im American-Bar-Stil mit einem Jazzpianisten, der auf dem Flügel ›Smoke gets in your eyes‹ und alte Frank-Sinatra-Titel spielte. Euler hatte zwei Whisky getrunken, anschließend waren sie noch auf einen weiteren Drink in Palenbergs Penthouse-Wohnung ein paar Häuser weiter gewesen. Kurze Zeit später sei Euler dann zu Fuß nach Hause gegangen, er wohnte nur fünf Minuten von Palenbergs Domizil entfernt. Euler sei weder betrunken noch in schlechter Stimmung gewesen, ob er unter Drogeneinwirkung stand, hatte Palenberg nach seiner Aussage nicht bemerkt.

Kriminalhauptkommissar Alfred Sechler klemmte sich hinter die Spuren von Kokain, die die Gerichtsmediziner festgestellt hatten. Er spannte seine Kollegen vom Rauschgiftdezernat in die Untersuchung ein. Dort waren allerdings weder Palenberg noch Euler oder andere Schickeria-Typen aus ihrem gemeinsamen Bekanntenkreis als Konsumenten registriert. Die Gerichtsmediziner konnten anhand der Konzentration der Drogen-Substanz in den Organen und nach einer Analyse des Mageninhalts mit ziemlicher Bestimmtheit sagen, zu welchem Zeitpunkt Euler das ganze Zeug in sich hinein geschluckt hatte. Hinsichtlich der Alkoholreste wurde Palenbergs Aussage bestätigt. Euler hatte außerdem zu Hause noch einen Cognac konsumiert, bevor er zusammenbrach.

Die Überdosis war durch das Barbiturat herbeigeführt worden, welches Euler offenbar mit dem Sodawasser hinuntergespült hatte, zur gleichen Zeit wie sein letztes Glas Cognac. Das Zusammenspiel verschiedener Substanzen, darunter auch Eulers Herzmittel, hatte die Vergiftungswirkung so verstärkt, daß der Exitus etwa eine halbe Stunde später eingetreten sein mußte. Vorsätzliche Tötung schien somit auszuscheiden. Nach dem forensischen Gutachten war Sechler allerdings davon überzeugt, daß Euler das Kokain geschnupft hatte, als er sich kurz in Palenbergs Wohnung aufhielt. Für einen Durchsuchungsbefehl war die Beweislage freilich zu dünn.

Das waren die Tatsachen, die von der Lokalpresse in reißerischer Aufmachung präsentiert und reichlich aufgebauscht wiedergegeben wurden. Klaus Palenberg ging in die Offensive, er drohte gerichtliche Schritte, wegen ›übler Nachrede‹ und ›Geschäftsschädigung‹ an, falls man ihn in der Berichterstattung mit Drogen in Verbindung brächte oder ihn weiterhin als üblen Geldhai darstelle.

»Unappetitlich! Äußerst unappetitlich!« schnaubte Dr. Hagenbusch. »Schöne Bescherung!«

»Haben Sie heute in der Zeitung gelesen, daß man drei Tage nach Eulers Tod in seinen Galerieräumen eingebrochen hat? Der oder die Täter müssen von hinten, über den Hof eingestiegen sein. Lange konnten sie sich in den Räumen nicht aufhalten, weil sie die Alarmanlage auslösten«, berichtete ich.

»Eingebrochen?« Dr. Hagenbusch schaute mich verblüfft an.

»Was ist denn gestohlen worden?«

»Kunstwerke offenbar nicht, wie die Galerie-Mitarbeiter versichern. Die haben nur am Computer und an der Adressiermaschine herumgemurkst, ein paar Unterlagen durchwühlt. Wahrscheinlich hatten sie es auf Eulers Adressenkartei abgesehen.«

»Adressenkartei? Komisch.«

Dr. Hagenbusch trug heute einen braun-grauen Anzug in Pfeffer- und Salzmuster, die weinrote Krawatte war mit silbernen Lilien gesprenkelt. Seine feingliedrigen Finger spielten mit einem Drehbleistift.

»Und der Silberberg? Was soll jetzt damit werden?« fragte er.

»Wissen Sie, ob er das Bild in der Galerie oder in seinem Lager hatte?«

»Nein. Wir haben auch in den letzten Wochen nicht mehr darüber geredet. Euler hatte mal beiläufig erwähnt, es gäbe technische Probleme bei der Beschaffung, das Ganze würde sich verzögern. Er tat so, als ob das völlig normal sei, derlei Probleme hätte er öfter beim Import von Kunst aus Kanada oder den USA. Zolltechnische Abwicklung, Fracht, was weiß ich. Nun, ich wollte ja ohnehin nichts überstürzen, auf jeden Fall erst einmal Ihre weiteren Recherchen abwarten.«

»Ich habe Ihnen ja schon erzählt, daß Herr Euler auf meine Anspielungen etwas gereizt reagiert hat. Wollen wir abwarten, bis dieses Bild in Eulers Nachlaß auftaucht?«

»Die Galerie bleibt zur Zeit geschlossen. Ich weiß nicht, welche Anordnungen Frau Euler getroffen hat. Wahrscheinlich gar keine, da sie sich zur Zeit in ärztlicher Behandlung befindet. Um die Galerie hat sie sich im übrigen nie gekümmert. Und ich gehe nicht davon aus, daß Herr Euler einen seiner Mitarbeiter in der Galerie über den Silberberg orientiert hat. In der augenblicklichen Situation liegt eine besondere Delikatesse darin, daß ich als Testamentsvollstrecker berufen werde. Sie werden verstehen, daß ich als Notar mich nicht näher dazu äußern kann. Daß der Anwaltskollege, der Frau Euler bei ihrem Scheidungsbegehren vertritt, den Antrag gestellt hat, die Galerie vorübergehend von einem Treuhänder verwalten zu lassen, haben Sie sicherlich der Presse entnommen. Daß ich nicht nur Eulers Notar, sondern auch Kunde bei ihm war, weiß jeder hier in der Stadt. Aber in der derzeitigen Situation muß ich strikt darauf achten, mein berufliches Engagement bei der Erbschaftsabwicklung vom privaten Interesse des Kunstsammlers zu trennen. Ich habe keinerlei Bedürfnis, auch noch in die Schlagzeilen zu geraten, wie das schon einigen Geschäftsfreunden von Herrn Euler passiert ist.«

»Herr Palenberg zum Beispiel. Kennen Sie ihn?«

»Ich bin ihm wohl zwei- oder dreimal bei einer Austellungseröffnung in Eulers Galerie begegnet. Ansonsten weiß ich über ihn nichts zu berichten.«

Dr. Hagenbusch bemühte sich um die Pose steifer Korrektheit. Doch hinter dieser Fassade staubtrockener Pingeligkeit war zu spüren, daß er um so schärfer auf diesen Silberberg wurde, je komplizierter sich die Geschichte entwickelte.

»Man müßte erst einmal herausbekommen, wo das Bild

überhaupt steckt«, meine ich. »Wie dann ein möglicher Ankauf abzuwickeln wäre. Wer an die Stelle von Herrn Euler tritt, ist eine ganz andere Frage. Frau Euler, oder der Treuhänder, oder sonst ein Rechtsnachfolger in der Galerie. Das Geheimnis über die Herkunft des Bildes allerdings dürfte Herr Euler mit ins Grab nehmen, sobald man ihn beerdigt hat. Das könnte neuen Wirbel geben, wenn das Auftauchen des Bildes publik wird. Augenblicklich gräbt die Presse ja alles um, was auch nur im entferntesten mit Euler zu tun hat. Da wird der Kellner vom Altstadt-Restaurant ›Keule‹ interviewt, wo Euler Stammgast war, oder ein Künstler hervorgezerrt, der mal bei ihm ausstellte, um ein paar Anekdoten zum besten zu geben. Sie können sicher sein, daß sich Herr Professor Hübner zu Wort melden wird, sobald sich der Silberberg in Eulers Nachlaß findet. Dann hätten die Pressefritzen wirklich eine satte Story über ein Meisterwerk der klassischen Moderne, das auf dubiose Weise aus der DDR in den Westen gelangt ist. Es ist die Frage, ob das Bild unter solchen Umständen überhaupt noch verkäuflich wäre...«

Der Notar nickte zustimmend mit dem Kopf.

»Da haben Sie recht. Doch jeden, der mit dem Verblichenen in irgendeiner Beziehung steht, ob es nun seine Erben oder seine Kunden, seine Geschäftspartner oder seine Mitarbeiter sind, muß an größtmöglicher Diskretion interessiert sein. Den Beteiligten ist das sicherlich auch einsichtig. Künftige Transaktionen aus dem Nachlaß vor dem öffentlichen Interesse abzuschirmen, dürfte nicht allzu schwierig sein. Er besaß erhebliche Anteile und Einfluß im Kunstmarkt. Seine Kollegen und Konkurrenten werden die Beute in aller Stille aufzuteilen versuchen.«

»Sicher. Auch mancher Kunstsammler, der es mit der Vermögensteuer nicht immer so genau genommen hat, dürfte vor einer Buchprüfung bei Euler zittern. Vielleicht gibt es unter diesem Aspekt eine Erklärung für den Einbruch, um die Kundenkartei verschwinden zu lassen.«

»Ach, die meisten haben ihre Bilderkäufe sicherlich als Betriebsausgaben von der Steuer abgesetzt. Dekoration für die Geschäftsräume oder fürs Wartezimmer. Überlegen sie mal, warum Ärzte, Anwälte und andere Freiberufler unter den Privatsammlern den größten Anteil stellen. Eulers Kundenkartei ist Geld wert. Ich halte es nicht für allzu abwegig, daß ein unseriöser Konkurrent den Einbruch inszeniert hat, um sich Eulers Kunden an Land zu ziehen.«

12.

Wochenlang beherrschten die Ereignisse in der DDR die Schlagzeilen. Egon Krenz hatte als Nachfolger Erich Honeckers nur knapp zwei Monate durchgehalten, dann hatte er alle seine Ämter abgeben müssen. Die Jungs vom Staatssicherheitsdienst ließen tonnenweise Akten mit belastendem Material über die hohen Funktionäre verschwinden. Die Zeitungen in der DDR berichteten in ungewohnter Offenheit über das Ausmaß an Korruption und Machtmißbrauch der Führungsclique. Sogar Kokain soll im Spiel gewesen sein: es gab Hinweise, daß der Stoff aus Südamerika im Hafen von Rostock gelöscht und dann in dicken Staatslimousinen nach Ost-Berlin und von da aus weiter in den Westen geschafft wurde.

Ich mußte daran denken, daß Euler vielleicht nicht nur Kunstwerke, sondern auch Koks aus der DDR bezogen haben mochte. Allzu abwegig erschien mir diese Idee nicht. Das geheimnisvolle Silberberg-Bild paßte ganz gut in den Rahmen all der Schiebereien, die nun der Öffentlichkeit bekannt wurden. Man hatte eine ganze Menge Bonzen verhaftet, darunter auch einen gewissen Werner Kreglitz, der gestanden hatte, Kunstwerke in den Westen vertickt zu haben. Nach allem, was mir Professor Hübner erzählt hatte, konnte ich mir zusammenreimen, daß möglicherweise dieser Kreglitz die Quelle des Bildes war. Dr. Hagenbusch hatte mich immer wieder zu weiteren Nachforschungen angespornt. Wenn es ihm tatsächlich nicht möglich wäre, dieses Bild besitzen zu können, dann seien wir zumindest im Dienste der Kulturgeschichte verpflichtet, dem Verbleib des Bildes nachzugehen, dessen Spur sich durch Eulers Tod völlig verloren hatte.

Bis jetzt war ich nur eine Randfigur in dieser Geschichte gewesen, nur durch Hagenbuschs Schrulligkeit in den ›Fall Silberberg‹ eingebunden, wie ich das Ganze nun nennen will. Doch an diesem naßkalten Schmuddelwettertag Anfang Dezember, an dem die Stadt bis weit in die Mittagsstunden in einen dichten, dreckigen Nebel eingehüllt war, rückte ich unfreiwillig zu einer Schlüsselfigur auf. Angefangen hatte es damit, daß ein Kommissar Sechler mich angerufen hatte, um mich in meiner Eigenschaft als Kunstexperte zu sprechen.

»Ich habe diese Woche Frühschicht«, hatte der Kommissar gesagt, »wenn Sie in den Vormittagsstunden vorbeikommen könnten? Es wird bestimmt nicht lange dauern.«

Wir hatten uns für 11 Uhr verabredet, und schon auf der Gladbacher Straße merkte ich, daß heute ganz besonders viele Autofahrer scharf darauf waren, zu Weihnachtseinkäufen in die Innenstadt zu fahren. Bis zur Gereonskirche ging's nur im Schrittempo voran, zu allem Überfluß blockierten auch noch alle zwanzig Meter Lieferfahrzeuge die rechte Fahrspur. Die Fahrer hatten dort ganz seelenruhig angehalten, um ihre Klamotten abzuladen. Dann kam ich recht zügig an der Börse vorbei, mit dem Skulpturenbrunnen auf dem Vorplatz, den der Volksmund recht treffend ›Schaschlikspieß‹ nennt, aber an der Kreuzung zur Nord-Süd-Fahrt hatte die

Ampel achtmal die Farben gewechselt, bis ich endlich abbiegen konnte. Ich hatte Zeit genug, die verschnörkelten Fassaden der alten Bankhäuser zu betrachten, während ich pro Ampelphase drei Wagen weiter vorrückte. Die Nord-Süd-Fahrt hatte sich ein Haufen Stadtplaner einfallen lassen, die sich damit wohl ihren Kindheitstraum erfüllten, einmal im Leben so richtig mit der Machete eine Schneise durch den Dschungel zu schlagen. Die Strecke führt unter dem gigantischen rot-braunen Klotz des WDR durch und zerschneidet brutal den Offenbachplatz vor der Oper. Die städtebauliche Öde, der Scheißverkehr und das schlechte Wetter waren nicht dazu angetan, mich aufzuheitern. Wenigstens fand ich einen Parkplatz fast an der Brauerei Malzmühle, nur knapp fünf Minuten Fußweg vom Polizeipräsidium am Waidmarkt entfernt.

Der Pförtner bat mich zu warten, Hauptkommissar Sechler werde mich holen kommen. »Eine neue Anordnung über den Publikumsverkehr, damit sich hier keine Terroristen rumtreiben«, erläuterte er mürrisch. Sechler fand diese Anordnung idiotisch. »Fast die Hälfte meiner Dienstzeit verbringe ich im Aufzug, um meine Besucher zu begleiten«, schimpfte er.

Sechler wirkte wie ein zerzauster Fußballtrainer, der opulentes Essen zu schätzen wußte, mit seinem Kinnbart konnte er aber ebensogut eine Mischung aus Seemann und Studienrat darstellen. Sein Büro war unpersönlich und nichtssagend, Schreibtische und Schränke aus hellem Holz, ein Kollege von ihm hämmerte auf der Schreibmaschine herum, mit einem Gesichtsausdruck, als habe er Strafarbeiten abzuschreiben.

»Es geht um den Todesfall Euler, Sie haben sicherlich davon gehört«, begann der Kommissar.

»Ja, in den Zeitungen stand etwas von einem Zusammenbruch oder Kollaps durch Medikamenten- und Drogenmißbrauch. Ich wundere mich, daß die Mordkommission noch weitere Untersuchungen anstellt.«

»Nun, die Kollegen vom Rauschgiftdezernat interessieren sich natürlich für den Aspekt der Verabreichung von Drogen. Von wem hatte Herr Euler das Zeug? Wir sind nicht hinter jedem kleinen Konsumenten her, sondern wollen die großen Dealer-Ringe zerschlagen. Da kann jede noch so winzige Spur, jeder Hinweis nützlich sein. Uns bei der Mordkommission interessiert die Frage, wie diese Drogen Herrn Euler verabreicht wurden. Liegt vielleicht doch fahrlässige Tötung vor? Aber deswegen habe ich Sie nicht hergebeten. Schauen Sie sich das hier einmal bitte an.«

Er klappte einen Aktendeckel auf und zog ein Foto heraus. Ich erkannte sofort, auf den ersten Blick, daß es die gleiche Reproduktion eines Fotos von dem Silberberg-Werk war, wie ich sie zuerst bei Dr. Hagenbusch gesehen hatte.

»Man sagte uns, das sei ein Bild von Daniel Silberberg. Sie gelten doch als Spezialist für diesen Künstler. Vielleicht können Sie uns etwas darüber erzählen?«

Ich tat, als ob ich dieses Foto eingehend betrachtete. Das war ein ziemlicher Hammer. Hatten sie Wind davon gekriegt, wie ich mich in verschiedenen Auktionshäusern nach diesem Bild erkundigt hatte? Wußten Sechler und seine Mannschaft schon mehr darüber als Dr. Hagenbusch und mir bis jetzt bekannt war? Daß ich wegen dieses Fotos bei der Mordkommission sitzen würde, hätte ich mir damals im Sommer nicht träumen lassen, als ich zum ersten Mal bei dem Notar aufkreuzte. Ich erzählte dem Kommissar so ungefähr das gleiche, was ich Dr. Hagenbusch bei unserer ersten Begegnung erläutert hatte, über die Datierung, über die Möglichkeit einer Fälschung aus der Nazi-Zeit, und daß dieses Bild in der Forschung bislang völlig unbekannt war, nirgendwo im öffentlichen Kunstbesitz registriert.

»Sehen Sie, solch ein Foto wurde vor einigen Monaten in Berlin bei einem ermordeten amerikanischen Soldaten gefunden. Die Tat ist bis jetzt nicht aufgeklärt worden, aber die amerikanischen Kollegen und auch die Berliner Kollegen haben den Hintergrund dieses Soldaten genauestens ausgeleuchtet. Es steht fest, daß er mit Drogen zu tun hatte. Und dann finden wir einen zweiten Abzug von diesem Foto in den Unterlagen von Herrn Euler. Der hatte auch mit Drogen zu tun, zumindest als Konsument. Da fragen wir uns natürlich, was da für Verbindungen bestehen könnten«, sagte Sechler

»Das Foto hat vielleicht gar keine besondere Bedeutung. Jeder Galerist hat Dutzende solcher Abbildungen von Kunstwerken in seinen Unterlagen, auch wenn ihm das Original nicht direkt zugänglich ist.«

»Wie gut kannten Sie denn Herrn Euler. Ich nehme an, er würde Ihnen das Original gezeigt haben, wenn er es da gehabt hätte?«

»Ich besuchte regelmäßig seine Ausstellungen in seiner Galerie, man traf sich auch gelegentlich bei anderen Anlässen, auf Banketten, Podiumsdiskussionen, auf den Kunstmessen usw. Ich weiß nicht, ob Her Euler mich über dieses bislang unbekannte Bild informiert hätte. Es ist normalerweise nicht üblich, daß ein Kunsthändler ohne besonderen Anlaß sein Inventar vor einem Kritiker ausbreitet. Ein Anlaß wäre gegeben, wenn ich über eine Ausstellung, oder über das Programm der Galerie etwas schreibe, ein Portrait über den Galeristen, was weiß ich. Aber Herr Euler hätte mich bestimmt nicht angerufen, ich habe hier einen Silberberg, schauen Sie doch mal vorbei, wenn er keinen Grund gehabt hätte, meine Meinung dazu einzuholen.«

»Aber sie erwähnten ja gerade die Möglichkeit einer Fälschung. Da würde er sich doch an die drei oder vier Silberberg-Experten im Lande gewandt haben, unter anderem auch an Sie?«

»Dann hätte er die Herkunft des Bildes offenlegen müssen. Vielleicht wollte er aber genau das vermeiden.«

Mehr konnte und wollte ich dem Kommissar nicht erzählen. Über den Abend in Eulers Galerie, als ich wegen genau dieses Bildes vorgetastet hatte, über Eulers schroffe Reaktion, konnte ich nichts verlauten lassen, ohne Dr. Hagenbusch reinzureiten. Gut und schön, es galt den Mord von Berlin aufzuklären und die Koks-Connection, in der der tote Euler dringesteckt hatte, vielleicht sogar als Verteiler, erwiesenermaßen als Endabnehmer. Aber ich fühlte mich Dr. Hagenbusch gegenüber zu Loyalität verpflichtet. Nicht wegen der fünf Hunnis, die er mir rübergeschoben hatte, und wegen der Kohle, die er außerdem noch rausrücken würde, wenn ich den Schinken tatsächlich auftrieb. Für mich war es einfach eine Frage der Moral und des Vertrauens, Dr. Hagenbusch gegenüber mein Versprechen bezüglich absoluter Diskretion einzuhalten. Vielleicht bin ich in diesem Punkt etwas altmodisch. Natürlich hätte ich den Pakt sofort aufgekündigt, wenn ich mitgekriegt hätte, daß Hagenbusch sich auf kriminelle Machenschaften einließ. Mit solchen Sachen hätte ich absolut nichts zu tun haben wollen. Aber bisher hatte Hagenbusch nichts Unredliches unternommen.

Hatte der Kommissar erfahren, daß ich seinerzeit bei dem Reporter nachgehakt hatte, was das für ein Silberberg-Motiv in der Tasche des toten Terry Boyle war? War Sechlers Anliegen, mich als Kunstgeschichtler zu befragen, nur ein Vorwand, mir auf den Zahn zu fühlen, was ich tatsächlich wußte? Dieses Gespräch war jedenfalls völlig sinnlos und überflüssig, wenn es nur darum ging, der Polizei Nachhilfeunterricht in Kunstgeschichte zu geben. Ich hatte den leisen Verdacht, dieser freundliche Hauptkommisssar spielte Katz und Maus mit mir. Hatte ich mich da in etwas verstrickt, ohne selbst zu wissen, was da eigentlich ablief? Ein Erschlagener und ein Drogentoter lautete die bisherige Bilanz des Geschehens.

Aber würde es dem Kommissar tatsächlich weiterhelfen, wenn ich ihm meine Vermutung ins Protokoll diktierte, ein gewisser Kreglitz aus Ost-Berlin habe sich Westgeld beschaffen wollen, indem er direkt oder über Mittelsmänner Robert Euler den Silberberg zukommen ließ? Dann hätte ich auch gestehen müssen, daß Euler einen Kaufinteressenten hatte, der mich eingeschaltet hatte. Hagenbusch würde kein Wort mehr mit mir reden, wenn ich ihm den Kriminalbeamten auf den Hals hetzte.

Fest stand nur eins: Euler hatte vor seinem Tod das Bild noch nicht in seinen Händen gehabt, denn sonst wäre er sofort damit zu Hagenbusch gelaufen. Wo steckte dieses Bild jetzt? Es schien keine gemeinsame Interessenlage zwischen Hauptkommisar Sechler auf der einen, Dr. Hagenbusch und mir auf der anderen Seite zu geben. Nun war der Polizist nicht verpflichtet, mir gegenüber mit offenen Karten zu spielen, mir komplett den Inhalt in seinem Aktendeckel anzuvertrauen. Aber ich hatte ihm gegenüber auch keine Verpflichtung. Ich vereitelte und verdunkelte nichts, ich half ihm nicht, aber ich behinderte ihn auch nicht. Ich hatte mir nichts vorzuwerfen. Aber der Kommissar war nicht blöd, er hatte die Marschrichtung schon erkannt.

»Hat Herr Euler eigentlich auch mit Kunst aus der DDR gehandelt?« fragte er betont beiläufig.

»Ja, er war einer der ersten Galeristen hier bei uns, der schon Anfang der achtziger Jahre Maler aus der DDR in seiner Galerie ausgestellt hat. Ich hatte seinerzeit ein Interview mit Willi Sitte gemacht, dem Vorsitzenden des DDR-Künstlerbundes. Herr Euler hatte mir diese Möglichkeit vermittelt, mir die bürokratischen Hürden aus dem Weg geräumt, um mit Sitte sprechen zu dürfen. Heute wäre das sicherlich viel einfacher. Aber vor knapp zehn Jahren mußte ich die Fragen vorher schriftlich einreichen und all so ein Pipapo.«

»Demnach dürfte Herr Euler sehr oft in der DDR gewesen sein?«

»Das ist anzunehmen, bei seinem Ausstellungsprogramm. Aber da sollten Sie sich wohl bei seiner Witwe erkundigen, welche Reisen Herr Euler unternahm.«

Sechler nickte bedächtig. Der andere Beamte, der die ganze Zeit stur seine Schreibmaschine gequält hatte, stand auf und verließ das Büro mit der Bemerkung, er ginge jetzt in die Mittagspause. Sechler schaute auf seine Armbanduhr.

»In der DDR gibt es doch bestimmt auch Werke von Silberberg?« hakte er nach.

»Nicht viele. Ich sagte Ihnen ja eben, daß das m eiste seit dem Krieg verschollen ist. Was sich im öffentlichen Kulturbesitz befindet, ist ja bekannt. Und welche Kostbarkeiten sich die Bonzen da privat angehäuft haben, kann man nur ahnen. Zur Zeit warten die Medien ja mit immer neuen Enthüllungen über das süße Leben der Herrschenden auf. Da hatte einer sein Jagdhaus im Erzgebirge an der tschechischen Grenze mit wertvollen Holzschnitten von Max Pechstein dekoriert. Pechstein inmitten von Jagdgeweihen, das müssen Sie sich mal vorstellen! Ich bin gespannt, was jetzt alles bei den Razzien und Beschlagnahmungen wegen Vergehens gegen das Volkseigentum wieder auftaucht.«

»Vielleicht noch weitere Silberbergs«, lächelte der Kommissar. »Naja, die Kollegen in Berlin sollen sich mal den Kopf zerbrechen, was dieser Terry Boyle damit zu tun hatte. Ich danke Ihnen jedenfalls, Sie haben uns doch ein wenig weiterhelfen können.«

Sechlers letzte Worte klangen wie der Text auf einem automatischen Anrufbeantworter. Er begleitete mich nach unten bis zum Pförtner und verabschiedete mich mit einem schlaffen Händedruck.

Ich stapfte durch den Nieselregen und beschloß, mir in der ›Malzmühle‹ ein deftiges Mittagessen zu gönnen. Eine altmodische Drehtür schleuste mich in den großen, hell erleuchteten Saal mit den blankgescheuerten Eichentischen. Es war mollig warm, meine Brillengläser waren im Nu beschlagen.

»Ein Kölsch?« fragte der Köbes und stellte, ohne meine Antwort abzuwarten, sofort ein Bierglas vor mich hin, kaum daß ich mich an den Tisch gesetzt hatte. Alle Kellner in dem gerippten blauen Wollwams werden in diesen Brauhäusern ›Köbes‹ gerufen. Ich studierte die Speisekarte. Schlachtplatte mit Sauerkraut war jetzt genau das Richtige.

13.

Auf der Rückfahrt von der Malzmühle hatte ich die verstopfte Innenstadt meiden wollen und einen weiten Umweg über die Rheinuferstraße und durch die Südstadt mit ihren einstmals knallbunten, inzwischen ziemlich verblaßten Jugendstilfassaden gewählt. Ich überquerte die Bonner Straße und fuhr dann am Volksgarten vorbei. Auf dem Straßenasphalt hatte sich ein seifiger, glitschiger Film gebildet, auf der Moselstraße und auf der Dasselstraße registrierte ich vier Auffahrunfälle auf einer Strecke von gut einem Kilometer. Diese idiotischen Unfallheinis ließen auch bei einer nur winzigen Delle in der Stoßstange ihren Karren mitten auf der Fahrbahn stehen, damit die Polizei die vom Nieselregen längst verwischten Bremsspuren messen sollte - bloß, weil diese Geier bei der Versicherung eine komplette neue Lackierung rausschinden wollten.

Zu Hause ging ich sofort ins Arbeitszimmer und begann im Textcomputer einen Aufsatz über Joseph Beuys und die Anthroposophie umzubauen. Aber heute klappte das mit der Konzentration nicht so richtig. Dann klingelte das Telefon, ein Mann mit der knödeligen Stimme eines um Volkstümlichkeit bemühten Fernsehmoderatoren stellte sich als Dr. Henner Triebe vom Staatlichen Kunsthandel der DDR vor und wollte mich als Silberberg-Experten sprechen. Schon wieder einer. Erst Hagenbusch, dann Kommissar Sechler, und nun ein DDR-Fritze, der aber am Telefon nicht konkret sagen wollte, worum es ging. Er hörte sich dynamisch und aufgewacht an, letzteres war aber nachmittags um drei nicht weiter erstaunlich. Ich war neugierig, was er wollte, und mit Beuys und der Anthroposophie würde das heute nichts Vernünftiges mehr geben, also sagte ich ihm, er könne ruhig vorbeikommen. Eine Stunde später stand er bei mir auf der Matte.

Ein gedrungener, untersetzter Typ in einem braunkarierten Anzug, darunter ein blaugestreiftes Hemd ohne Krawatte. Das Alter war schwer zu schätzen, er konnte knapp über vierzig sein oder auch an die sechzig. Er kam mir vor wie ein Handelsvertreter, der sich ins Hausbesetzerviertel wagen will und für den Abend einen Tisch im Mövenpick-Restaurant reserviert hat. Randlose Brille und braunes, leicht gewelltes Haar. Pausbäckiges Gesicht.

Ich nahm ihm seinen blauen Regenmantel ab und hängte ihn an der Garderobe neben der Haustür auf, bugsierte ihn in mein Arbeitszimmer, wo er sich vorsichtig auf einen Stuhl neben dem Ablagetisch mit dem Manuskripten- und Zeitschriftenstapel hinpflanzte. Er betrachtete interessiert das Bücherregal und den Computer auf dem Schreibtisch.

»Darf ich Ihnen etwas anbieten?« Er entschied sich für einen Whisky. Ich kramte meine Haig-Flasche hervor, goß zwei Fingerbreit in zwei dickwandige Gläser. Er wollte kein Eis und kein Soda dazu. »Am besten pur wie in Schottland«, meinte er, und das brachte ihm einen Pluspunkt auf meiner Sympathieskala ein. Ich mag es nicht, wenn Getränke zerpanscht werden.

Dr. Henner Triebe kam sofort zur Sache.

»Ich bin in einen Untersuchungsausschuß unserer Volkskammer berufen worden, der sich mit Unterschlagungen und dergleichen seitens einiger Repräsentanten unseres Staates befaßt.«

Er zog ein Foto aus seiner Brieftasche und hielt mir jene Reproduktion eines Silberberg-Werkes unter die Nase, die ich inzwischen schon recht gut kannte. Wie viele Exemplare, wie viele Abzüge mochten davon noch kursieren? Er erwartete erst gar nicht, daß ich ihm den Sermon auftischte, mit dem ich Hagenbusch und den Kommissar bedient hatte, sondern sagte kurz und bündig:

»Wir haben Beweise, daß das Original dieses Bildes illegal aus der DDR herausgeschafft wurde. Der Anstifter ist verhaftet worden und hat gestanden. Sein Adressat war Robert Euler hier aus Köln.«

»Euler ist tot«, warf ich ein.

»Ich weiß. Ich habe auch schon in der Galerie vorgesprochen.«

»Die ist doch zur Zeit geschlossen.«

»Ein Angestellter des verblichenen Herrn Euler war so freundlich, mich zu empfangen. Er hat mir sogar die Lagerbestände gezeigt, obwohl er das eigentlich nur hätte tun müssen, wenn die Polizei mit einem Durchsuchungsbefehl dabei gewesen wäre.«

»Sie haben sich an die Polizei gewandt?«

»Nein, wozu? Das Bild war bzw. ist ja nicht in der Galerie. Wir haben uns in mehreren Fällen um Rechtshilfeersuchen an die westdeutschen Behörden gewandt, auch in Sachen Silberberg Strafantrag gestellt.«

»Gegen Euler?«

»Ich glaube gegen Unbekannt. Daß Herr Euler durch Kreglitz, so heißt der Verhaftete, belastet wird, beweist ja noch nichts...«

»Dieser Kreglitz könnte also auch gelogen haben?«

Er zuckte mit den Schultern.

»Sein Geständnis ist detailliert und umfassend. Da sind unglaubliche Dinge an Tageslicht gekommen. Kreglitz hatte diese Aktion mit Billigung und sogar unter Aufsicht der Staatssicherheit durchgeführt. Da ging es wohl um eine raffiniert ausgeklügelte Intrige, um Erpressungsmöglichkeiten, was weiß ich. Nach Honeckers Sturz hat man solche Vorkommnisse benutzt, die Funktionäre der Blockparteien unter Druck zu setzen. Doch das ließ sich nicht vertuschen, wie man wohl gehofft hatte. Es rumort ganz schön in der DDR. Die Wut im Volk ist kurz vor dem Überschäumen, bei allem, was jetzt aufgedeckt wird, wie die Führungsclique das Volk jahrzehntelang ausgesaugt und betrogen hat. Es hat schon vereinzelt Übergriffe auf Einrichtungen der Staatssicherheit und der Volkspolizei gegeben. Ich dramatisiere die Situation nicht, wenn ich sie als Bürgerkriegsstimmung charakterisiere. Wir können Eskalationen nur verhindern, indem wir den Leuten klarmachen, daß es uns ernst ist, mit diesen Skandalen aufzuräumen. Indem wir uns rigoros hinter jeden einzelnen Fall klemmen. Die Untersuchungskommission muß Erfolge vorweisen. Wir wollen das Bild wiederhaben!«

Er nippte an seinem Whisky. Seine Augen funkelten angriffslustig hinter den Brillengläsern.

»Entschuldigen Sie, Herr Dr. Triebe, mir erscheint Ihr Vorgehen etwas ungewöhnlich. Sie kommen als Mitglied eines parlamentarischen Untersuchungsausschusses von Ost-

Berlin nach Köln, um hier auf eigene Faust Ermittlungen anzustellen?«

»Die Zeit drängt. Wir können nicht warten, bis die westdeutschen Behörden... verstehen Sie? Wir versuchen, die Devisen wieder zu beschaffen, die ins Ausland geschmuggelt wurden, und Kunstwerke wie diesen Silberberg. Natürlich habe ich hier in Westdeutschland keinerlei Hoheitsbefugnisse. Aber ich bin hierher gekommen, um Ihren Behörden Hinweise geben zu können. Die Spur dieses Bildes führt ja nach Köln.«

»Und wieso konsultieren Sie mich?«

»Sie sind einer der wenigen Spezialisten über Silberberg. Gerade in Köln. Da könnte es doch möglich sein, daß Herr Euler Sie hinzugezogen hat, das Bild zu begutachten. Oder ein Kaufinteressent.« »Hat Herr Euler aber nicht.« Das entsprach der Wahrheit. Von Hagenbusch erwähnte ich natürlich nichts. Hatte dieser Dr. Triebe beim Gespräch mit Eulers Mitarbeiter einen Wink in Richtung Hagenbusch bekommen? Wahrscheinlich nicht, Euler dürfte die Angelegenheit gegenüber seinem Personal als top secret eingestuft haben.

»Es war nach der Aussage von Kreglitz keine Transaktion aufgrund einer konkreten Bestellung aus dem Westen. Wir haben Hoffnung, daß das Bild wieder auftaucht. Daß Euler den Handel noch nicht komplett abgeschlossen hat. Nun, wir haben für die Wiederbeschaffung eine Belohnung von 30 000 DM ausgesetzt. In harter Währung. Das mag Ihnen vielleicht nicht viel erscheinen, hinsichtlich des Wertes, den dieses Bild hat. Wenn Sie also etwas erfahren...wären Sie bereit, uns zu helfen?«

Triebe erzählte mir einiges über den geheimdienstlichen Hintergrund der ganzen Geschichte. Er ging damit ein ziemliches Risiko ein, daß ich diese Informationen breittratschte, und man hätte ihm damit die Rolle des Nestbeschmutzers andichten können. Aber es schien ihm egal zu sein, ob ich vielleicht damit zum Verfassungsschutz rannte. Das war alles ziemlich grotesk. Dieser Kreglitz wäre vielleicht nie aufgeflogen, wenn Krenz kein Übergangskandidat für zwei Monate gewesen wäre, wenn er sich durchgeboxt hätte und seine Bündnisparteien bei der Stange geblieben wären. Vielleicht hätte man auch mit Figuren wie diesem Kreglitz ein Bauernopfer gebracht, wie man das im Schachspiel nannte. Aber das Argument der Straße, die Erbitterten und unerbitterlich Gewordenen hatten jegliche Taktiererei zum Machterhalt durchkreuzt. Vielleicht waren die Ereignisse in diesen frostigen Herbsttagen tatsächlich eine Revolution in der DDR gewesen, wie bei uns Politiker und Kommentatoren herumposaunten, ein Tritt in den Arsch der Macht, die immer nur schäbig sein kann. Und Dr. Henner Triebe, der jetzt hier in Köln-Ehrenfeld in meinem Arbeitszimmer saß, mit Blick auf ein paar sterile Lagerhallen und ein paar unaufgeräumte Hinterhöfe, der fürchtete die Anarchie und versuchte diese abzuwenden, indem er die Verfehlungen eines Werner Kreglitz ungeschehen machen wollte. Es war völlig absurd.

Der biedere Notar Dr. Erich Hagenbusch und ich waren in einen Sumpf von Mord, Unterschlagung, Spionage, Spekulation, Drogen, vielleicht sogar Fälschung und in was weiß ich sonst noch alles hineingeraten. Die Sache fing an, spannend zu werden.

»Woher stammt dieses Foto von dem Bild?« wollte ich wissen.

»Aus einer alten Zeitschrift. Es wurde in einem Museumsarchiv aufbewahrt. Kreglitz hatte sich dieses Foto beschafft und es vervielfältigt. Einen Abzug davon hatte auch ein amerikanischer Soldat, der nach Kreglitz' Aussage bei der Aktion als Kurier fungierte.«

»Der Tote im Grunewald letzten Sommer«, warf ich ein.

»Richtig. Aber es ist völlig offen, ob seine Ermordung mit dem Bild in einem Zusammenhang steht. Unsere Stasi-Leute scheinen hier ausnahmsweise mal eine weiße Weste zu haben. Es hat bisher aber noch keinen Informationsaustausch zwischen unserem Ausschuß und den Stellen in West-Berlin gegeben.«

»Auch nicht inoffiziell, so wie Sie mir jetzt die Kreglitz-Story erzählen?«

Triebe schüttelte stumm mit dem Kopf.

»30 000 DM Belohnung«, wiederholte er knapp. »Ich schreibe Ihnen hier meine Nummer in Berlin auf. Sie können direkt durchwählen.«

Nachdem Triebe sich verabschiedet hatte, saß ich ziemlich verdattert da. Der Whisky machte sich mit leisem Ziehen unter der Schädeldecke bemerkbar. Sollte ich Hagenbusch anrufen und ihm von dem DDR-Besucher erzählen? Ich mußte ganz schön aufpassen, daß ich nicht plötzlich zwischen allen Stühlen saß.

14.

Nach dem Besuch von Dr. Henner Triebe konnte ich mich erst recht nicht mehr auf meinen Beuys-Artikel konzentrieren. Je mehr ich über den Fall Silberberg nachgrübelte, desto merkwürdiger erschienen mir die Ereignisse. Als sie den toten Soldaten fanden, hätten sie doch in Berlin einen Silberberg-Experten auftreiben können. Dr. Günter Wolkenstein, der dort Kustos an der Nationalgalerie war, galt als ausgezeichneter Kenner der Expressionisten. Aber erst nach Eulers Tod Monate später ließ Hauptkommissar Sechler mich hier in Köln im Polizeipräsidium antanzen. Nicht wegen Amtshilfe für die Ermittlungen in Berlin. Nein, dieser Sechler folgte einer anderen Spur, das stand für mich fest. Vielleicht hätte er versucht, Marina Euler festzunageln, ihrem Gatten heimlich eine Überdosis Drogen und Medikamente eingeflößt zu haben, wenn sie nicht ein bombensicheres Alibi gehabt hätte, weil sie in Düsseldorf bei ihrem Liebhaber war. Der Kommissar mußte irgendeinen anderen Anlaß haben, sich weiterhin auf die Untersuchungen von Eulers Tod zu versteifen, denn sonst hätte er die Akte längst zugeklappt und in der Registratur abgelegt. Und die Art und Weise, wie dieser DDR-Fritze die Unterschlagung des Bildes ausbügeln wollte, war ja wohl das Allerletzte. Vielleicht hatte dieser Staatssekretär Schalk-Golodkowski da seine Finger drin gehabt. Der saß jetzt in West-Berlin in Untersuchungshaft, und nicht nur in Ost-Berlin, sondern auch in Bonn waren bestimmt eine Menge Leute froh, daß Schalk-Golodkowski über seine Devisenschiebereien, Scheinfirmen, seine Transaktionen mit Waffenhandel und dergleichen brav den Mund hielt. Es hieß, Schalk-Golodkowski hätte auch irgendwelchen Kulturfunktionären Devisen beschafft, damit sie im Westen damit ein Bild von Haeckel ersteigern konnten. Aber daraus war nichts geworden, und man hatte die Kohle anderweitig verbraten, aber nicht mit dem Erwerb von Kunst. Schalk-Golodkowski soll aber trotzdem seinen Schnitt gemacht haben, und irgendein paar arme Schweine mußten fürchterlich draufzahlen. So stand es jedenfalls in den Zeitungen. Gewiß durfte man nicht alles glauben, was da alles an Mutmaßungen und Spekulationen abgedruckt wurde. Doch es hatte tatsächlich jede Menge undurchsichtiger Geschäfte gegeben, und dieser Dr. Henner Triebe mochte genügend Gründe haben, auf unkonventionelle Weise und abseits der offiziellen Wege das Bild wiederbeschaffen zu wollen.

Gerade, als ich mich dazu aufraffen wollte, in der Pizzeria unten an der Ecke mein Abendessen einzunehmen, klingelte das Telefon. Eine rauhe, kratzige Stimme, die mit Alkohol und Zigaretten gehörig durchgeschmirgelt war, hochdeutsch mit starker kölscher Dialektfärbung, verlangte nach einem Treffen mit mir als Silberberg-Experten. Das war dann der Dritte heute. »Mein Name ist übrigens Marzik. Stefan Marzik. Aber das sagt Ihnen wohl nichts. Ich muß Sie jedenfalls sprechen, es ist dringend. So schnell wie möglich, am besten sofort.«

Dieser Marzik hatte einen leicht aggressiven Tonfall, er benahm sich, als ob er keinen Widerspruch dulden würde.

»Worum geht es denn konkret?« fragte ich.

»Nicht am Telefon, Mann. Das kann ich Ihnen nur persönlich erklären.«

Dieses Bohrende und Drängende in seinen Ausführungen vermittelte mir das Gefühl, in der Defensive zu sein. Ich war es gewöhnt, Leute abzuwimmeln. Dauernd riefen bei mir Hobbymaler an, die sich einbildeten, ich würde ihnen eine volle Seite im Kulturteil vom ›Stadtanzeiger‹ widmen, oder sanft säuselnde Pressereferentinnen abgeschmackter Art-Consulting-Büros, die mich zur Ausstellung mit Blümchenmotiven und Clownsgesichtern in Hotelfoyers oder Sparkassenhallen zerren wollten, namenlose Galeristen, die so taten, als hätten sie sich irgendwelche Megastars wie Sigmar Polke oder Felix Droese an Land gezogen und in Wirklichkeit nur einen alten Langweiler im Programm hatten, der nichts anderes tat, als seit zwanzig Jahren Leinwände blau oder rot einzufärben, aber in zehn Schichten übereinander, und der dabei keinen blassen Schimmer von Yves Klein und seiner monochromen Malerei hatte. Aber bei diesem Marzik funktionierte mein Repertoire an Formulierungen über Ausreden und Absagen nicht, mit dem ich mir diese Halb-Kunst-Ottos vom Hals hielt. Diese waren penetrant und überschwenglich. Aber Marzik war auf eine völlig andere Weise sehr direkt und fast schon brutal, fordernd im Vortrag seines

Anliegens. Aber nicht so unhöflich, daß ich Grund gehabt hätte, einfach den Hörer aufzulegen.

Ich wollte diesen Typ aber nicht bei mir in der Bude haben, und so erlaubte ich ihm, sich in der Pizzeria zu mir zu gesellen.

Salvatores Mutter stand höchstpersönlich in der Küche und machte eine ausgezeichnete Lasagne. Nicht irgendein zusammengemanschtes Zeug, alles war knackig und frisch zubereitet. Das Lokal hatte nur sechs oder sieben Tische, auf denen Körbe mit Chianti-Flaschen standen, die Sitzfläche der Stühle bestand aus Bastkordeln. Kein überflüssiger Schnickschnack an den glatten, weißen Wänden, nur drei oder vier Farbfotos in einfachen Glasrahmen mit Landschaftsmotiven aus der Toscana. Für die Liebhaber der italienischen Küche war diese kleine Familien-Trattoria ein Geheimtip.

Ich war mit der Lasagne fast fertig, als Stefan Marzik hereinkam, sich kurz umschaute und sich dann nur mit einem knappen ›Hallo!‹ an meinen Tisch quetschte. Er war mir auf den ersten Blick unsympathisch, und auch Salvatore schien ihn nicht zu mögen. Ich merkte es an der Art, wie er an den Tisch kam, mir einen verstohlenen Blick zuwarf, und wie er Marzik dann die Speisekarte hinhielt.

»Danke, ich esse nichts. Nur ein Bier«, sagte Marzik bestimmt. »Für mich noch ein Viertel von dem offenen Rotwein«, sagte ich zu Salvatore.

Marzik hatte nicht gefragt, ob er mich beim Essen störe, verkniff sich auch sonst jegliche Höflichkeitsfloskel und redete mich auch sofort mit ›du‹ an.

»Ich wollte schon heute nachmittag bei dir vorbeischauen. Aber da war dieser Heini von der DDR-Vertretung bei dir aufgelaufen. Hatte nen Wagen mit Diplomatenkennzeichen, direkt bei dir vor der Haustür geparkt...«

»DDR-Vertretung?«

»Ja klar, Vertretung. Aus Bonn. War ein Botschaftswagen, hab ich abgecheckt.«

Das war allerdings eine interessante Information. Ich konnte mir nicht vorstellen, daß ein Vertreter des Staatlichen Kunsthandels, als der Dr. Henner Triebe sich vorgestellt hatte, mit Diplomatenstatus in der Gegend herumfuhr. Auch als Mitglied der Untersuchungskommission der Volkskammer, als das er sich ebenfalls ausgegeben hatte, würde er bei dieser reichlich seltsamen Mission wohl eher einen unauffälligen Privat-PKW benutzt haben. »War der auch hinter dem verschwundenen Silberberg her?« fragte Marzik ohne Umschweife.

»Wieso auch? Wer soll denn noch hinter einem verschwundenen Silberberg her sein? Was für ein verschwundener Silberberg? Wer noch? Die Bullen. Die stellen bei Euler doch nicht die Bude auf den Kopf, durchwühlen die Galerie, bloß weil er sich ein bißchen zuviel ›extasy‹ oder so reingepfiffen hat. Oder Crack, oder Koks. Stand doch alles in der Zeitung.«

»Wenn ich Sie richtig verstanden habe, stellt die Polizei bei Euler Nachforschungen über ein verschwundenes Bild von Daniel Silberberg an?« meinte ich distanziert.

»Klar, Mann. Und dieser DDR-Diplomat auch, oder?« Ich war nicht erstaunt, als nun auch Marzik einen Abzug von der Foto-Reproduktion aus seiner Lederjacke herausschälte. Wenn er heute nachmittag meine Wohnung beobachtet und den Besuch von Dr. Henner Triebe bemerkt hatte, konnte er vielleicht auch heute vormittag meinen Termin im Polizeipräsidium registriert haben. Ich wußte zu diesem Zeitpunkt nicht, wer dieser Stefan Marzik eigentlich war, und in welcher Hinsicht er im Fall Silberberg mit drin steckte, aber offensichtlich war er mit im Spiel.

»Also, paß auf. Ich arbeite eigentlich für den Verfassungsschutz. Das kannst du mir glauben oder auch nicht. Wenn du in Chorweiler bei der Verfassungsschutzzentrale versuchst, dich nach mir zu erkundigen, wirst du nichts erfahren. Du kannst auch ruhig zu den Bullen rennen und denen eine Abenteuergeschichte erzählen, das wird alles abgeblockt. Du kannst auch versuchen, die Story an eine Zeitung zu verkaufen, für die du arbeitest. Ich kann dir versichern, daß nichts von dem jemals gedruckt wird. Dafür wird Chorweiler schon sorgen. Die haben die Sache im Griff. Und komm auch nicht auf die Idee, so ein linkes Wichsblatt damit anzutörnen. Du kriegst nur Schwierigkeiten, klar?«

Das beste wäre jetzt gewesen, Salvatore herbeizuwinken, die Rechnung zu verlangen und diesen aufgedunsenen, schmierigen Burschen hier einfach sitzen zu lassen. Rauszugehen, und dann von zu Hause Dr. Hagenbusch anzurufen, daß die Sache für mich abgehakt wäre. Dieser Marzik war too much, too heavy. Ich bin Kunstkritiker und kein Spielball für abgedrehte Möchtegern-Agenten. Lächerlich, wie dieser Marzik sich hier aufführte. Einfach lächerlich. So eine Figur zeigten sie nicht einmal im TV in den amerikanischen Billig-Serien im Vorabendprogramm. Auf was ließ ich mich da eigentlich ein? Der und Verfassungschutz?

Aber ich blieb, bestellte noch einen Espresso, und Marzik verlangte nach einem zweiten Bier.

»Sie erwarten Geheimhaltung? Hier in diesem Lokal haben uns gut ein halbes Dutzend Leute zusammen gesehen!« erklärte ich.

»Macht nichts. Ich hätte mich nicht mit dir hier verabredet, wenn mir das was ausgemacht hätte. Kannst mir ruhig glauben. Ich kann ja verstehen, daß dir das alles was schräg vorkommt. Aber ich versuch dir ja nur zu erklären, daß du nicht anfangen sollst, den Hermann abzuziehen. Hast du neulich im Fernsehen Helmut Kohl gesehen, wie der erklärt hat, was jetzt in Deutschland so abgeht, sei das Verdienst seiner Politik?«

»Ich habe das als eine ungeheure Dreistigkeit empfunden, und ich war nie mit diesem Bundeskanzler einverstanden, dessen einzige historische Leistung die Tolpatschigkeit seiner Auftritte in Israel, in Polen, auf dem Bitburger Soldatenfriedhof usw. sein wird.«

»Mann, Kohl weiß gar nicht, wie recht er mit dieser Behauptung hat. Nur es ist nicht das Verdienst seiner Politik, sondern von Chorweiler!«

»Sie wollen doch nicht behaupten, der Verfassungsschutz habe die Übersiedlung von rund 300 000 DDR-Bürgern in diesem Jahr und die Massendemonstrationen in Leipzig angezettelt?«

»Nee, das nicht. Obwohl nach der Einführung der Reiseerleichterungen ein paar Typen von unserer CDU und von der CSU rüber gegangen sind und sich mit ihren Transparenten ›Wiedervereinigung jetzt‹ in Leipzig und Ost-Berlin unter die Demonstranten gemischt haben. Das waren vielleicht zwei- oder dreihundert unter 100 000 Demonstranten. Da kann man nicht behaupten, die Revolution in der DDR sei von uns gesteuert. Aber wir haben schon langfristig versucht, den Laden da drüben zu infiltrieren. Das kannste mir glauben, wir haben schon dafür gesorgt, daß jetzt diese ganzen Korruptionsgeschichten rauskommen. Aber wir stellen natürlich auch einmal in der Woche unseren Außenminister Genscher ans Mikrofon, damit er erklärt, wir würden uns nicht in die inneren Angelegenheiten der DDR einmischen.«

Vielleicht war Marziks Erzählung nicht ganz so abwegig. Aber daß er mir das alles unverblümt in einer italienischen Trattoria in Köln-Ehrenfeld erzählte, zwar mit gedämpfter Stimme, damit die Gäste an den anderen Tischen nichts mitbekamen, aber immerhin mit ziemlicher Offenheit und ziemlichen Zynismus, irritierte mich. Ich winkte Salvatore heran und bestellte mir einen Grappa und Marzik grunzte:

»Da trink ich einen mit.«

»Und was hat das alles mit diesem Silberberg-Bild zu tun?«

»Ich werde dir die Geschichte erzählen. Ich kann das ruhig tun, weil diese Geschichte so phantastisch und so unglaubwürdig ist. Niemand würde sie dir abnehmen, wenn du sie weitertratschst. Jeder, der sich mit nachrichtendienstlichen Klamotten auskennt, würde sagen, nee, nee, solche Operationen sind einfach nicht der Stil des Verfassungsschutzes. Völlig hirnrissig, so eine Story aufzufahren. Glaubt dir keiner. Und das ist ja das Gute an der Story, und deswegen kann ich dir auch den ganzen Quatsch erzählen.«

Der Grappa brannte mir in der Kehle und erinnerte mich daran, daß ich den Whisky vom Nachmittag noch nicht richtig verdaut hatte. »Sie wollen mir also tatsächlich Staatsgeheimnisse auf die Nase binden?« meinte ich ironisch.

»Blödsinn. Das sind keine Staatsgeheimnisse. Aber paß auf. Ich hatte früher bei meinen Geschäften immer Schiß, daß mich die Bullen mal hops nehmen. Was das für Geschäfte sind, braucht dich nicht zu interessieren. Und dann kam ich auf die Idee, Junge, dem ganzen Streß kannst du bequem ausweichen, indem du mit den Bullen zusammenarbeitest. Ich bin ziemlich viel rumgekommen, hab 'ne ganze Menge so mitgekriegt, und die Bullen waren scharf auf meine Informationen. Und ich hab von denen nicht nur cash gekriegt, sondern sie haben mich auch bei meinen Geschäften in Ruhe gelassen. Ein Hand wäscht die andere. Ist doch so, oder?« Ich hatte keine Lust, mir Marziks Lebensgeschichte oder seine Moralphilosphie anzuhören.

»Kommen wir endlich zu Silberberg!« hakte ich noch einmal nach. »Sorry, ich bin vielleicht was langatmig. Also, ich hab Geschäfte in Berlin gemacht und dadurch Stasi-Kontakte gekriegt. Hab ich allerdings sofort unseren Bullen von erzählt, die reichten mich an den Verfassungschutz weiter, und die Jungs in Chorweiler dort meinten, okay, laß dich ruhig mit denen da drüben ein...«

»Sie waren also so 'ne Art Doppelagent?«

»Nee, das so zu nennen, wäre übertrieben. Naja, der Verfassungschutz hatte jedenfalls die Idee, wir müssen ein paar von den Jungs da drüben, die heimlich ein paar krumme Geschäfte machen, ein bißchen anschmieren. Wir müssen sie dazu provozieren, ihre Klamotten auf die Spitze zu treiben, sie richtig korrumpieren. Diese Funktionäre mit ihrer Gier und Geilheit nach Luxusfirlefanz so richtig ins Verderben laufen lassen. Die benahmen sich ja sowieso schon wie die letzten Säue, rafften alles zusammen, was sie kriegen konnten, hier ein Jagdhaus mit 50 Schlafzimmern wie der Honecker. Wir mußten das nur noch ein bißchen forcieren, bis die Suppe überkocht.«

»Einen Moment mal. Verfassungschutz und Bundesnachrichtendienst führen schon längst keine aktiven Operationen mehr durch, auch keine aktive Auslandsspionage. Erst neulich hat ein CSU-Politiker im Bundestag sich darüber beklagt, daß diese Bereiche völlig vernachlässigt werden, durch ihre nachrichtendienstliche Tätigkeit im engen Wortsinne, durch Beschränkung auf reine Materialsammlung, wüßten sie letztlich nicht mehr, als in der Zeitung steht.«

»Sag bloß, du glaubst so einen Stuß. In Celle haben sie ein Loch in die Gefängniswand gesprengt, um vorzutäuschen, Terroristen hätten ihre inhaftierten Genossen befreien wollen. Und als in Berlin noch die CDU regierte, haben sie jahrelang die Senatsmitglieder der Alternativen Liste durch den Verfassungschutz bespitzelt. Mann, ich hätte nicht geglaubt, daß diese Kunst-Ottos so naiv sind wie du.«

»Also schön, der Verfassungschutz hat also was mit diesem Silberberg-Bild angeleiert...«

»Genau. Wir haben diesen Kreglitz dazu gebracht, den Schinken abzustauben und an Euler zu verticken. Da staunst du, was? Du hast doch in der Zeitung gelesen, daß sie diesen Kreglitz verhaftet haben? Wahrscheinlich hat er gesungen, das Silberberg-Ding zugegeben, und deswegen war heute nachmittag der DDR-Heini bei dir.«

Ich sagte dazu nichts und bemühte mich um eine gleichgültige Miene.

»Nun, Teil zwei der Operation war, den Stasi da mit reinzuziehen. Daß Kreglitz Kunstwerke in den Westen verschob, daß man ihn damit bloßstellen konnte, war ja nur die halbe Miete. Nein, der Stasi mußte dazu gebracht werden, da einzusteigen und sich die Finger schmutzig zu machen. Das ist uns auch gelungen. Die ganze Aktion lief unter den Augen des Stasi ab, unter seiner Kontrolle. Weil sie glaubten, dadurch paar Leute unter Druck setzen zu können!«

»Euler?«

»Nee, Euler war nur 'ne Randfigur. Der Verfassungsschutz wollte rauskriegen, wen der Stasi alles einspannte. Wer zum Beispiel Euler den Deal vorfinanzierte. Chorweiler wußte ja, daß Euler so gut wie pleite war. Er würde sich aber nicht an den erstbesten wenden, der Kohle locker machen würde, sondern an jemanden, der gleichzeitig auch auf Ostgeschäfte spezialisiert war.«

»Zum Beispiel dieser, wie heißt er noch, ach ja, Palenberg. Von dem es in der Zeitung hieß, er habe zusammen mit Euler den letzten Abend vor seinem Tode verbracht.«

»Weiß ich nicht«, wich Marzik aus. »Das Silberberg-Bild war jedenfalls ein Testfall. Wir machten den Stasi heiß darauf, Kreglitz das Ding abziehen zu lassen, und aus der Art und Weise, wie die Sache ablief, erhoffte sich der Verfassungschutz Aufschlüsse, welche Kanäle und Methoden der Osten benutzte. Zum Beispiel, um auf dem gleichen Weg, nur in umgekehrter Richtung, Embargo-Güter reinzuholen. Das war vielleicht ein Witz. Da bildete sich der Stasi ein, alles liefe unter seiner Regie ab, und in Wirklichkeit haben wir das Drehbuch geschrieben. Vielleicht war der Stasi dem Finanzier, Palenberg oder sonst jemanden, einen Gefallen schuldig. Oder Euler mit seinen häufigen DDR-Reisen, der hat auch nicht für alle Kunstwerke immer brav und ordentlich eine Ausfuhrgenehmigung ergattert. Naja, ich werd schon wieder weitschweifig.«

Die Geschichte war tatsächlich unglaublich. Aber ich begann mich ein bißchen unbehaglich zu fühlen. Vor allem wegen Dr. Hagenbusch. Zwar saß ich auch aus beruflicher Neugier hier mit Marzik zusammen, aber hauptsächlich in Hagenbuschs Interesse, in seinem Auftrag. Eines stand fest: dieser Marzik war hochgradig kriminell, und die Sache hatte von Anfang an zum Himmel gestunken, aber jetzt war der Fall Silberberg nur noch mit Gasmaske zu behandeln. Was ich durch Professor Hübner, den DDR-Abgesandten Dr. Henner Triebe und nun durch diesen Marzik erfahren hatte, fügte sich zu einem Puzzle zusammen, das nur noch einige wenige Lücken aufwies.

»Da ist doch im Sommer in Berlin ein amerikanischer Soldat mit einem solchen Foto, wie Sie es mir gerade zeigten...«

»Dir als Silberberg-Experten ist das natürlich aufgefallen, na klar. Hat dir der DDR-Diplomat heute nachmittag was darüber erzählt?«

»Nein!« antwortete ich bestimmt.

»Ist ja auch egal. Ja, Terry Boyle hat das Bild rübergeschafft. Aber daß er kurze Zeit später umgeblasen wurde, hat nichts mit diesem Bild zu tun. Ich hab andeutungsweise gehört, er sei unabhängig von dieser Geschichte noch in Militärspionage und in andere Dinge verwickelt gewesen. Vielleicht ist der Mörder von ihm in dieser Ecke zu suchen. Oder man hat ihm auf dem Schwulen-Strich eins übergebraten, was weiß ich.«

»Na schön, Sie haben mir eine etwas verworrene, in sich überhaupt nicht logische Geschichte anzudrehen versucht. Ich möchte gleich gehen und das Gespräch nicht mehr allzusehr in die Länge ziehen. Was ist der eigentliche Zweck dieser Unterredung? Doch nicht etwa Ihre Lebensbeichte?«

»Werd doch nicht ungeduldig, Mann! Die Sache ist die: Sowohl Stasi als auch der Verfassungschutz hätten Euler nicht daran gehindert, das Bild weiterzuverkloppen. Da wäre für mich auch noch was drin gewesen, finanziell. Aber Eulers plötzlicher Tod war wie ein Erdrutsch mitten auf dem Weg, bevor du am Ziel angekommen bist. An wen könnte man denn jetzt den Schinken verkaufen? Doch nicht an ein Museum oder so. Nur an einen Privatsammler, der die Schnauze hält. Und du bist doch Spezialist, du kennst doch die ganzen Sammler, oder? Ich hab mich umgehört, du gilst als der einzige Silberberg-Experte hier in der Gegend. Euler muß hier in Köln schon einen Kunden angemacht haben.«

Obwohl mich mein Unterbewußtsein warnte, ich müsse gerade jetzt einen klaren Kopf behalten, verlangte ich nach einem weiteren Grappa.

»Da stand doch in der Zeitung, in Eulers Galerie sei kurz nach seinem Tod eingebrochen worden, um seine Adressenkartei zu stehlen...«

Marzik grinste vielsagend.

»Mach dir nicht so viele Gedanken. Ich will versuchen, mit dir ins Geschäft zu kommen. Ich kann das Bild ranschaffen, und du einen möglichen Käufer, klaro?«

»Sie vergessen, daß ich heute Besuch aus der DDR hatte!«

»Die wollen das Bild zurückhaben? Als Beweis für die

dreckigen Geschäfte des Stasi? Sowas wäre zu Beginn der ganzen Aktion durchaus im Sinne des Verfassungschutzes gewesen. Aber im Augenblick gerät die Situation da drüben völlig außer Kontrolle. Da haben Bürgerkomitees die Bezirksämter gestürmt, fast hätte es Fälle von Lynchjustiz gegeben. Und auf den Demonstrationen prügelten sich schon die Gegner und die Befürworter einer Wiedervereinigung. Nee, wenn das Bild jetzt wieder im Osten auftaucht, würde einfach zuviel Öl ins Feuer gegossen werden. Da wären zu viele Erklärungen fällig, das wäre der Tropfen, der das Faß zum Überlaufen brächte. Wenn auch nur ein einziger Skandal mehr ans Licht kommt, drehen die Leutchen da richtig durch.«

»Und man würde auch nicht wollen, daß die Rolle des Verfassungschutzes bei dieser Transaktion publik würde?«

»Da wäre nichts zu beweisen. Ich hab dir ja ganz am Anfang gesagt, was ich dir hier erzähle, das bringt nichts. Kein Beweis, nichts. Bis zu einem gewissen Zeitpunkt lief die Revolution in der DDR ja durchaus im Sinne der Jungs von Chorweiler, aber jetzt müssen die auch den Kopf einziehen.«

Marziks Argumentation klang schlüssig. Dr. Henner Triebe hatte allerdings mit genau der gegenteiligen Behauptung, durch vorzeigbare Erfolge seiner Kommission, zum Beispiel durch Wiederbschaffung des Bildes, Eskalationen verhindern zu wollen, um meine Mithilfe gebeten.

Eine Möglichkeit schied von vorneherein aus: nämlich, das Bild bei Hauptkommissar Sechler abzuliefern. Triebe hatte ja darauf bestanden, die hiesigen Behörden da rauszuhalten. Als Adressat kamen also nur Dr. Triebe direkt oder Dr. Hagenbusch in Frage. Über Triebes Rolle und Motive hatte ich erhebliche Zweifel, und der Notar würde sich hinsichtlich der Eigentumsfrage in einer juristisch höchst verzwickten Situation befinden.

»Was kann man für das Bild verlangen?« unterbrach Marzik meine Überlegungen.

»Auf keinen Fall den tatsächlichen Marktwert, den es im offiziellen und legalen Kunstgeschäft hätte. Auf einer Auktion könnte es zwei bis drei Millionen bringen.«

»Dieser Kreglitz hat Vierhunderttausend eingestrichen.«

»So wenig?«

Marzik zuckte mit den Schultern. Ich fragte mich, ob er mich anlog. Und ich fragte mich, was Euler sonst noch in das Projekt reingesteckt hatte, was Marzik bisher schon kassiert hatte, und zu welchem Preis Euler das Bild an Dr. Hagenbusch abzugeben getrachtet hatte. Verdammt undurchsichtig, das Ganze.

»Was verlangst du an Anteil, wenn du das Bild für mich verkauft kriegst?« bohrte Marzik.

»Wer hängt denn sonst noch mit drin?«

»Keiner, nur wir beide. Alles andere wird von mir geregelt.«

»Ich will mich jetzt auf nichts festlegen. Ich muß erst das Original sehen.«

Marzik dachte nach.

»Okay, übermorgen. Aber nicht hier in Köln. Du hast ein Auto?«

»Ja.«

»Wir treffen uns außerhalb. Auf der Straße zwischen Rommerskirchen und dem Kloster Knechtsteden gibt es eine verfallene Ziegelei...«

»Eine Fabrikruine? Das ist wohl nicht der richtige Ort, um ein Meisterwerk des Expressionismus zu begutachten!«

»Das Bild ist dort auch nicht versteckt. Keine Angst, an das Bild kommt nichts dran, kein Siff, keine Feuchtigkeit oder so. Aber das ist in der Umgebung von Köln der einzige vernünftige Ort...«

»Warum nicht in Köln?«

»Sicherheitsgründe. Ich werde dir jetzt den Weg dahin genau beschreiben, und du hast auf der Strecke genügend Gelegenheit, Verfolger auszumachen und abzuschütteln. Bring 'ne starke Taschenlampe mit.«

»Ich will das Bild bei Tageslicht sehen!«

15.

Es herrschte mildes Schmuddelwetter, schon die ganze Woche, aber es hatte aufgehört zu regnen, als ich den Wagen auf die Autobahn nach Neuss lenkte. Wie das Bild nach West-Berlin gekommen war, wußte ich ja nun. Doch wie hatte Marzik es von dort in die Gegend von Köln geschafft? Oder mußte er es jetzt erst aus Berlin holen? Innerhalb von zwei Tagen schien mir das unmöglich zu sein. Er konnte es ja weder im Flugzeug, in der Bahn oder im Auto einfach so mit sich herumschleppen. Er hätte mehr Zeit gebraucht, den heimlichen Weitertransport nach Westdeutschland zu organisieren. Solche wertvollen Bilder transportierte man ohnehin nur in speziellen Klimakisten, und nicht einfach so, inmitten von Hausrat. Das Bild mußte also schon längst hier sein. Wieso hatte Marzik es solange zurückbehalten? Wieso hatte er es nicht längst bei Euler abgeliefert ? Wollte er mehr, als man ihm ursprünglich an Beteiligung zugestanden hatte, für sich herausschinden?

Als Ort einer Besichtigung dieses Bildes ausgerechnet eine Fabrikruine vorzuschlagen, war eine der Merkwürdigkeiten, von denen der Fall Silberberg nur so strotzte. Aber ich hatte mich inzwischen an diese Merkwürdigkeiten gewöhnt, und Marzik schien in konspirativen Dingen ja einige Erfahrung zu besitzen. Auf dem Kölner Autobahnring herrschte ein Tempolimit von maximal 100 Stundenkilometern. Ich blieb auf der rechten Spur, zwischen Lastwagen und ein paar Lieferfahrzeugen. Alle anderen PKW zogen auf der Überholspur vorbei. Am Kreuz Köln Nord war ich sicher, daß mir keiner folgte. Hinter der Abfahrt Chorweiler/Seeberg wechselte ich auf die linke Spur, drehte den Motor voll auf, er war im Nu auf 160. In Worringen mußte ich von der Autobahn runter, aber ich blieb bis zum letzten Moment auf der Überholspur, zog erst beim Schild, das nur noch 100 m Entfernung bis zur Ausfahrt anzeigte, nach rechts rüber. Ein riskantes Manöver, aber damit würde ich einen etwaigen Verfolger auf alle Fälle abgehängt haben. Marzik hatte mir eingeschärft, nicht über die Venloer Straße bis nach Rommerskirchen zu fahren, sondern die Autobahnstrecke zu benutzen.

Am Ende der Autobahnabfahrt bog ich nach rechts ab und kam nach Roggendorf/Thenhoven. Der Ort gehörte noch zu Köln, aber hier sah es schon richtig ländlich aus. Kleine Bauernhöfe aus Backstein säumten die Hauptstraße, dazwischen ein paar sauber verputzte Neubauten, ein paar Gehöfte. Geradeaus führte die Straße weiter nach Worringen, aber ich bog mitten im Ort nach links ab, auf eine Landstraße, die sich in sanften Kurven durch kahle, braune Felder mit aufgewühltem Schlamm schlängelte. Links eine Reihe windzerzauster nackter Pappeln, rechts am Horizont die Raffinerieanlagen von Dormagen. Hier im Norden Kölns begann schon die weite, flache Ebene der niederrheinischen Landschaft, die im Sonnenlicht lieblich wirkte, jetzt im Dezember aber sturmgeschüttelt, kalt und abweisend, schwermütig. Ich überholte zwei Traktoren, die Anhänger voll mit Rüben hinter sich herzogen. Nach zwei oder drei Kilometern bog ich wieder links ab und fuhr durch Hackenbroich, ein Neubauviertel, dessen Anblick mich an die Miefigkeit der siebziger Jahre erinnerte, als man sich John-Travolta-Poster an die Wand heftete und es für schick hielt, Whisky mit Cola zu versauen, Hemden mit langen spitzen Kragen trug und ein Bürokrat im Sozialministerium beschlossen hatte, Lehrlinge seien zukünftig als ›Auszubildende‹ zu bezeichnen.

Ich behielt den Rückspiegel im Auto, nichts Verdächtiges hinter mir. Dieser blöde Marzik hatte die Fahrt vielleicht doch völlig unnötigerweise so kompliziert gestaltet. Weiter gings Richtung Delhoven, ich kam in einen weiteren Ort mit alten Bauernhäusern, dessen Namen ich vergessen hatte, und an einer großen Kreuzung mit einer Imbißbude auf der Ecke, dann wieder nach links. Vor mir tauchte die wuchtige Kapelle des Klosters Knechtsteden auf, im romanischen Stil, ein rundbogiges Tor rahmte die Allee ein, die zu den Klosteranlagen führte, aber die Bundesstraße zog sich in einer Kurve daran vorbei. Als ich dann ein Waldstück passiert hatte, sah ich die Ruinen der alten Fabrik mit dem bröckeligen Schlot vor mir. Die stillgelegte Ziegelei dominierte das Bild der Landschaft mit den sanft hügeligen Äckern und Weideflächen.

Ich stoppte den Wagen an der Einmündung eines Wirtschaftsweges. Es blieb noch genügend Platz, falls ein Bauer mit seinem Rübentransport vorbei wollte. In direkter Luftlinie waren es vielleicht knapp zehn Minuten Fußmarsch zu der Fabrik, aber ich wählte nicht den direkten Weg über die Landstraße, sondern einen Umweg durch die Felder. Ich konnte nicht ahnen, wie wichtig diese Entscheidung für mich später sein sollte. Es war erheblich kälter als in der Stadt, der böige Wind blies mir rauh ins Gesicht. Der Feldweg führte in den Wald, den ich eben durchquert hatte, und der sich nach Osten bis zum Kloster erstreckte. Ich kam an einem sumpfigen Teich vorbei, eine schmale Zementbrücke führte über einen Kanal, der sich schnurgerade durchs Gelände zog, Schilder wiesen die Strecke als Radwanderweg aus. In einer halben Stunde würde die Dämmerung einsetzen, und eine weitere halbe Stunde später würde es hier stockduster sein. Nachdem ich einen Bauernhof mit Pferdekoppel passiert hatte, führte der Weg in Richtung Fabrik; mein Umweg hatte genau die Form eines Quadrates und ich näherte mich der Ruine von der Rückseite, die von der Landstraße her nicht zu sehen war. Von hier aus konnte ich aber mein geparktes Auto sehen.

Das Gelände war mit einem Drahtgitter eingezäunt, das von wildem Brombeergestrüpp umwuchert war. ›Betreten verboten! Einsturzgefahr!‹ verkündete ein Schild. Dort, wo dieser Weg wieder auf die Landstraße mündete, war ein bewohntes Bauernhaus. Ich faßte in meine Manteltasche, wo ich rechts eine Gaspistole und links die Taschenlampe verstaut hatte. Durch eine Lücke in dem rostigen Drahtzaun gelangte ich auf das Gelände. Schuppen, deren Dach nur noch aus morschen Holzsparren bestand, an denen ein paar restliche Ziegel klebten, Schutthaufen, eingestürzte und abgesunkene Mauern, von verdorrtem Unkraut übersät. Im Sommer mußte hier alles von blühenden Disteln und Brennesseln zugewuchert sein. Die Natur erobert sich ihr Terrain zurück. Ein Haufen alter Autoreifen, überall Glassplitter, sämtliche Fenster an den Hallen und Schuppen waren eingeworfen worden. Eine der Hallen war nach einer Seite völlig offen, ich spähte ins dunkle Innere, konnte nichts erkennen. Von Marzik keine Spur.

Ein Blick auf die Uhr verriet mir, daß ich eine knappe Viertelstunde zu spät war. Marzik mußte längst hier sein und sich bemerkbar gemacht haben, schließlich hatte er mich noch zur Pünktlichkeit gedrängt. Ich begann mich unheimlich zu fühlen. Das morsche Gebälk knarrte, der Wind wisperte in den Mauerlöchern, irgendwo quietschten rostige Scharniere. Und ausgerechnet in dieser Atmosphäre sollte ich ein Meisterwerk der modernen Kunst begutachten! Idiotisch! Jetzt, in diesem Augenblick, wäre immer noch Zeit gewesen, abzuhauen, umzukehren, meine Beteiligung am Fall Silberberg einzustellen. Bislang waren es Vernunftgründe gewesen, die es ratsam erscheinen ließen, den Auftrag von Dr. Hagenbusch zu stornieren, sich bei Kommissar Sechler dumm zu stellen, Dr. Triebe und Stefan Marzik abzuwimmeln. Ich sollte Dr. Hagenbusch vielleicht auch die 500 DM zurückzahlen, und mich dann aus allem raushalten. Nun kam noch etwas anderes hinzu, in dieser grusligen Atmosphäre eines verfallenen Ziegelwerks, zwischen diesen verlassenen Trümmern. Nämlich zusätzlich zu den Vernunftgründen ein sehr tiefsitzendes Gefühl, eine Ahnung, sozusagen eine innere Stimme, die mir zurief: Mensch, hau ab. Ein flaues Gefühl im Magen, und eine Beklemmung in der Herzgegend.

Aber ich zwang mich, in das Innere der Fabrikhalle vorzudringen. Angst hatte ich keine, schließlich hatte ich im zerbombten Köln der Nachkriegszeit meine Kindheit in den Trümmerlöchern verbracht, zwischen den Mauerstümpfen der Hausruinen gespielt, Kellerlöcher durchforscht, ich war mit meinem Tretroller festgestampfte Schutthalden heruntergesaust, zackige Wandreste hochgeklettert, hatte mich mit einem Stock durch kopfhohes Unkraut gekämpft. Die Atmosphäre hier war mir vertraut, das Gefühl des Unbehagens hatte andere Ursachen, aber ich wußte nicht, welche.

Ich knipste die Taschenlampe an, stolperte über Geröll und Bretter auf den Hallenboden. Verdammt noch mal, wo war Marzik? Er mußte mich doch längst bemerkt haben! Oder war ihm was dazwischengekommen? Ließ er mich hängen? Was suchst du hier eigentlich? fragte ich mich, als ich hier durch den Müll stapfte und den Lichtkegel meiner Taschenlampe durch den Staub von Jahrzehnten streifen ließ. Es war diese unbestimmte Gefühl, das mich zurückschrecken ließ und mich gleichzeitig vorwärtsdrängte. Ein komischer Widerstreit in meinem Inneren, der aber überlagert wurde durch die Tätigkeit meiner Augen und Ohren, die eine Überfülle von Reizen verarbeiten mußten. Ich merkte, daß ich zu schwitzen begann, und das mitten im Dezember.

Nach Marzik zu rufen wagte ich nicht. Daß sich hier noch jemand aufhielt, war freilich ausgeschlossen. Aber urplötzlich schoß mir der Gedanke durch den Kopf, daß Marzik vielleicht nicht allein hierherkommen würde oder gekommen sein mochte. Der Bursche hatte einen ziemlich brutalen Eindruck gemacht. Vielleicht wollte er mich hier in eine Falle locken, an einen einsamen Ort, um mich mit einem Kumpanen zu überrumpeln, um die Adresse eines potentiellen Käufers wie Hagenbusch herauszuprügeln oder sonstwie herauszupressen. Nein, das hätte Marzik nichts genutzt. Ohne meine Vermittlung kam er nicht an Hagenbusch heran. Er hatte sich zwar zu einem Alleingang entschlossen, aber ohne jemanden wie mich als Schaltstelle lief das Geschäft nicht. Ich verwarf diesen Gedanken wieder. Ich ging wieder hinaus in den Fabrikhof und tastete mich zur Ruine eines Nebengebäudes. Offenbar der Wasch- und Umkleideraum für die Arbeiter früher. Ein paar zerdepperte Blechspinde, ein verdrecktes Waschbecken auf der Erde und rostige Leitungsrohre. Und dann sah ich dort mitten im Raum das Menschenbündel auf der Erde. Ein Penner? Nein, Marzik! Ich erkannte ihn sofort an den fettigen Locken. Ich blickte mich hastig um, rannte nach draußen, schaute über den Fabrikhof. Alles ruhig. Wieder rein in den Waschraum.

Instinktiv griff ich nach meiner Gaspistole. In der anderen Hand die Taschenlampe, mit der ich Marzik ins Gesicht leuchtete. Die Augen waren glasig und gebrochen, die Gesichtszüge verzerrt, um seinen halb geöffneten Mund rötlichweißer Schleim, halb angetrocknet. Der Körper halb verdreht, die Beine leicht angewinkelt, ein Arm ausgestreckt, der andere halb unter dem Körper verborgen. Dann sah ich, daß auf dem Boden neben seiner Brust ein nasser, dunkler Fleck war. Ich beugte mich nieder, legte die Gaspistole neben mich. Blut. Ich bin kein Arzt, aber ich sah sofort, daß Marzik tot war. Oder lebte er doch noch? Meine Handschuhe auszuziehen und ihn anzufassen, davor schreckte ich zurück. Neben dem Waschbecken lag ein Stück von einem zerbrochenen Spiegel. Ich nahm die Scherbe und hielt sie nah an Marziks Mund, hielt dann die Taschenlampe auf die Scheibe. Nicht die leiseste Spur von Atem. Ich zog ein Taschentuch hervor, wischte die Scheibe sauber, führte den Atemtest noch einmal durch. Negativ. Marzik war tot.

Verdammt. Was sollte ich jetzt machen? Erst mal hier weg. Aber das Bild? Nach Lage der Dinge war Marzik der einzige... ich zwang mich, ihn zu durchsuchen. Die Handschuhe behielt ich an. Klappte vorsichtig Marziks Lederjacke zurück. Sie war innen mit Blut verschmiert. In der Brusttasche war nichts. Die rechte Außentasche war unter dem Körper verborgen, und ich traute mich nicht, die Lage des Körpers zu verändern. In der linken Seitentasche fand ich ein halb aufgerauchtes Zigarettenpäckchen, das Foto von dem Bild, reichlich zerknüllt, und den Schlüssel eines Schließfachs. Der Silberberg war nicht hier in der Fabrik. Wenn Marzik ihn dabei gehabt hätte, so hatte sein Mörder das Bild bestimmt mitgenommen.

Ich steckte meine Gaspistole ein und auch das Tempotuch, mit dem ich die Scherbe abgewischt hatte. Die Scherbe nahm ich auch mit. Und das Foto und den Schlüssel. Ich leuchtete den Boden nach Fußspuren von mir ab.

Außer den Abdrücken meiner Schuhe hatte ich in dieser Fabrik bestimmt nichts hinterlassen. Zum Glück war auch der Wagen weit genug geparkt. Es sah nach Regen aus, der auch die Reifenspuren auf dem Feldweg über Nacht weggewaschen haben würde. Niemand hatte mich gesehen, und hier hielten oft Ausflügler ihre Autos am Wegesrand an, um im Wald von Knechtsteden spazierenzugehen. Ich zwang mich, nicht den geraden Weg entlang der Landstraße zu nehmen, sondern denselben Umweg, auf dem ich mich der Fabrik genähert hatte. Als ich das Auto erreichte, war es fast dunkel.

Die Polizei anrufen? Nein, da wäre ich dem Hauptkommissar zu viele Erklärungen schuldig gewesen. Nun gut, man hatte mich vor zwei Tagen zusammen mit Marzik in Salvatores Trattoria gesehen. Ich hatte einen Mord entdeckt, und ich würde mich kaum aus der Sache raushalten können. Vielleicht doch den Kommissar anrufen? Die ganze Angelegenheit hatte eine Wende genommen, durch die mein Auftraggeber Dr. Hagenbusch nicht mehr von mir Loyalität verlangen konnte. Diesem mysteriösen Dr. Triebe war ich erst recht zu nichts verpflichtet, und mein kunstwissenschaftliches Interesse am Aufstöbern des Silberberg-Bildes hatte in jeder Hinsicht, juristisch und moralisch, hinter der Aufklärung des Mordes am Marzik zurückzustehen. Und an der Aufklärung des Mordes an den amerikanischen Soldaten. Zwei Tote, die ein Foto von diesem Bild bei sich hatten. Ein Todesbild. Und Euler.

In Rommerskirchen hielt ich vor einer Telefonzelle an. Der Apparat war kaputt. Ein paar Häuser weiter war eine Kneipe. Ich hätte auch von da die Polizei anrufen können. Aber ich tat es nicht. Der spontane Impuls, vor der Telefonzelle zu halten und 110 anzurufen, war verflogen.

Ich fuhr weiter. Ziemlich nervös. Einmal hatte ich ein Stoppschild übersehen und noch rechtzeitig bremsen können, als ein Wagen von rechts heranschoß. Reiß dich zusammen! hämmerte ich mir ein. In Pulheim bog ich in eine Seitenstraße ab, warf die Spiegelscherbe, das Tempotuch und meine Handschuhe in einen Müllcontainer. Meine Schuhe mußte ich auch loswerden, sobald ich zu Hause war. Nicht schade drum, sie waren sowieso schon ziemlich ausgelatscht. Eine absolut unsinnige Handlungsweise, denn ich wußte, daß ein einziger Fussel, eine einzige Faser genügte, um mittels hochmoderner Labormethoden meine Anwesenheit in den Fabrik nachzuweisen. Was versuchte ich eigentlich zu vertuschen?

Mein Verhalten war völlig bekloppt, und ich wußte genau, daß ich mich nur noch tiefer in die ganze Geschichte reinritt, als ich zu Hause als erstes das Foto, das ich dem toten Marzik abgenommen hatte, im Aschenbrecher verbrannte und die Reste im Klo runterspülte.

Wieso machte ich dieses Vertuschungsmanöver? War das eine Schockreaktion, lief ich selbst neben mir her, vorübergehend abgedreht? Man findet ja nicht alle Tage eine Leiche in einer Fabrikruine. Aber von Panikverhalten konnte keine Rede sein, schließlich war ich sehr überlegt vorgegangen, als ich meine Spuren in der Fabrik zu verwischen versuchte, das Foto und den Schließfachschlüssel an mich nahm. Ich bin juristischer Laie, konnte mir aber vorstellen, daß man mir unterschieben würde, den Toten beraubt zu haben. Verdammte Scheiße. Ich saß ganz schön im Dreck. Ich hatte mich verdächtig gemacht, mich selber in die Scheiße reingeritten.

Ich kippte erst mal zwei Wodka runter, Marke ›Stolichnaya‹, die Flasche hatte ich im Frühjahr aus Leningrad mitgebracht, als ich dort die Eremitage besucht hatte. Durch den Alkohol wurde ich etwas ruhiger. Sollte ich nicht doch noch die Polizei anrufen? Wenigstens anonym, mit verstellter Stimme? Ich konnte doch nicht einfach abwarten, bis in einigen Wochen per Zufall spielende Kinder oder jemand, der das Gelände inspizierte, Marziks Leiche fanden. Die Fabrik lag im Zuständigkeitsbereich der Neusser Polizei, aber das spielte keine Rolle. Der Fall würde so oder so auf dem Schreibtisch von Hauptkommissar Sechler landen.

Nach dem dritten Wodka begann ich darüber nachzugrübeln, wer Marzik ermordet haben mochte. Hatte sein Mörder den Silberberg an sich gebracht? Hatte er von Marziks Verabredung mit mir gewußt? War etwa ein Mitarbeiter von Dr. Henner Triebe an jenem Abend in der Trattoria gewesen und Zeuge unseres Gesprächs geworden? Würde dieser Mörder sich nicht scheuen, gegebenenfalls auch mich umzubringen? Ich war dem Kommissar eine Menge Erklärungen schuldig. Zum Beispiel die Vorgeschichte, meine Recherchen für Dr. Hagenbusch. Der Kommissar würde mich zusammenscheißen, weshalb ich ihm das alles verschwiegen hatte. Und wenn ich ihm den Grund nannte, weshalb ich nach Knechtsteden gefahren war, dann mußte ich Sechler auch erklären, warum ich mich nicht sofort gemeldet hatte, warum ich Foto und Schlüssel einsteckte. Und dafür konnte ich keinen vernünftigen Grund anführen. Ich hatte Beweismaterial vernichtet, bis jetzt hatte ich nichts anderes gemacht, als eine Straftat, die ein anderer begangen hatte, zu vertuschen. So sah das aus.

Der Kommissar würde mir den Kopf abreißen, ich hätte wahrscheinlich eine Anzeige am Hals wegen meines blöden Verhaltens. Warum hatte eigentlich der Mörder nicht das Foto und den Schlüssel an sich genommen? Hatten diese beiden Gegenstände keine Bedeutung für ihn? Hatte Marziks Ermordung gar nicht mit unserer Verabredung, gar nichts mit dem Silberberg zu tun? Der Bursche schien ja noch allerhand andere dunkle Geschäfte gemacht zu haben. Nun gut, ich hatte Kenntnis von einem Verbrechen bekommen, es war sozusagen meine Bürgerpflicht, das den Behörden zu melden. Aber insgeheim war ich ja froh gewesen, daß die Telefonzelle in Rommerskirchen kaputt war. Es war ein unbewußter, innerer Widerstand gewesen. Unbewußt wollte ich gar nicht so handeln, wie ich richtigerweise hätte handeln müssen.

Ich hatte mich immer für eine Kunst begeistert, die eine kompromißlose Radikalität erkennen ließ. In der Formensprache, in der Wahl der Materialien, in der geistigen Haltung. Eine Kunst, die die Grenzen jeglicher Konvention überschritt, die sich keinem Diktat eines überlieferten Geschmacks beugte, keiner von außen herangetragenen Moral und Ästhetik. Kunst war in dieser Gesellschaft für mich der einzige Bereich, in dem es noch eine absolute Freiheit geben konnte. Ich selbst war kein Künstler. Nach meinem Studium hatte ich mich um meine Karriere als Publizist gekümmert, meine Existenz war die eines behäbigen Intellektuellen. Und aus dieser Rolle war ich jetzt ausgebrochen. In diesem Moment, als ich den vierten oder fünften Wodka in mich reinschüttete, war ich nicht mehr nur dieser scheißliberale Essayist, der die Feuilletonseiten mit wohlformulierten, geschliffenen Sätzen vollpackte, der sich auf Schickeria-Vernissagen tummelte und in Talk-Shows das Publikum mit schwer verständlichen Kulturtheorien zuquatschte. Ich weiß, daß es lächerlich klingt, aber mein Verhalten war so eine Art Ausbruch aus der Normalität meines bisherigen Daseins.

Der Kommissar würde das nicht verstehen. Vielleicht könnte man mir kindisches Trotzverhalten bescheinigen, oder auch Feigheit, sich der Tatsache zu stellen, daß ich einiges verbockt hatte, vielleicht auch Zynismus, aber ich versteifte mich mehr und mehr in die Entscheidung, den Mund zu halten. Nun gut, die forensische Medizin war so weit, den Todeszeitpunkt auch nach längerer Zeit noch exakt bestimmen zu können. Aber je später Marziks Leiche gefunden würde, desto größer war die Chance für mich, daß sich kein Bauer und kein Spaziergänger mehr an meinem Wagen auf dem Feldweg erinnern würde. Und was ich an Fußspuren hinterlassen hatte, dürfte von Wind und Regen fortgewaschen sein. Die Zeit arbeitete natürlich nicht nur für mich, sondern auch für den Mörder. Aber das ließ sich nicht ändern. Das einzige, was ich zugeben mußte, war das Treffen mit Marzik bei Salvatore, sobald sie nach dem Fund seiner Leiche Marziks Bild in den Medien veröffentlichten. Salvatore und sein Personal würden sich bestimmt an diesen unangenehmen Gast erinnern. Aber das machte nichts. Zu diesem Punkt würde mir schon eine glaubhafte Geschichte einfallen, die ich dem Kommissar erzählen könnte.

16.

Als ich am nächsten Tag aufwachte, hatte ich so eine Art Grippegefühl in den Knochen. War das nur der Kater nach dem Wodkagenuß, oder hatte ich mich tatsächlich erkältet? Meine Glieder schienen sich in dicke Bleirohre verwandelt zu haben, und als ich mich aus der Bettdecke herausschälte, ächzte ich wie ein Möbelpacker, der ein Klavier allein in den sechzehnten Stock raufschleppen muß.

Ich raffte nichts an diesem Morgen. In der Kaffeemaschine platzte die Filtertüte, das Wasser lief daneben, und das weichgekochte Frühstücksei entpuppte sich als halb roh. Und dann rief auch noch der Chefredakteur an, ob er meinen Beuys-Artikel eine Ausgabe vorziehen könne.

»Ja, klar«, brummte ich, »der Artikel ist fast fertig. Kann ich morgen rüberfaxen, kein Problem«.

»Wenn es Ihnen wirklich nicht ungelegen kommt,... uns ist da ein anderer Beitrag geplatzt...«

»Ich kann Ihnen den Artikel auch auf Diskette schicken, aber da hatten wir schon mal das Problem, daß mein Computer mit ihrem nicht kompatibel ist«.

»Schicken Sie ihn einfach als Eilbrief, das reicht auch«.

Er hielt mir einen langatmigen Vortrag darüber, wie oft Telefax-Kopien unleserlich ankämen, und ich war froh, als er endlich auflegte. Dieses Arschloch. Manchmal schob er meine Aufsätze um drei Monate, weil ihm angeblich was Aktuelleres dazwischengekommen war, und dann gab es Situationen, wo es ihm nicht schnell genug gehen konnte, wo er mich drängte, innerhalb von zwei Stunden was Tiefschürfendes runterzuhacken.

Doch Beuys mußte erst noch warten. Ich kramte den Schlüssel hervor. Von einer Bank schien er nicht zu stammen. Ich hatte selbst ein Bankschließfach, und die Schlüssel dafür waren kleiner als dieser hier. Wahrscheinlich vom Bahnhof. Nun, das Silberberg-Bild war sicherlich zu groß, um es in einem Bahnhofsschließfach zu verstauen. Aber dieser Schlüssel war mein einziger Anhaltspunkt, Marziks Spur aufzunehmen. Sonst wußte ich ja nichts über ihn. Nichts über seine Freunde oder Bekannten, in welchen Kneipen er verkehrte oder so. Noch nicht mal seine Adresse, im Telefonbuch war er jedenfalls nicht registriert.

Ich nahm die U-Bahn, das war in diesem Vorweihnachtstrubel das Vernünftigste. Am Neumarkt stieg ich aus, auf dem Bahnsteig wartete eine Menschentraube auf den nächsten Zug. Ideal, um mögliche Verfolger abzuschütteln, falls Dr. Triebe und Co. sich an meine Fersen geheftet hatten. Ich hätte zwar nicht gewußt, wieso die DDR-Typen mich beschatten sollten, bloß weil ich Silberberg-Experte war, aber durch Marziks Tod war ich vorsichtig. Die U-Bahnstadion hatten sie mit geriffeltem Blech verkleidet, das Ganze erinnerte an die amerikanischen Greyhound-Busse der sechziger Jahre. Ich hastete durch die Passage, dann bei Hertie quer durchs Erdgeschoß, durch die postmodern-protzige Einkaufspassage am Olivandenhof, dann runter in die Lebensmittelabteilung von Karstadt, quetschte mich, ohne was gekauft zu haben, an der Kasse durch, rannte eine Etage höher durch die Parfumabteilung und die Abteilung für Herren-Oberbekleidung, nahm den Ausgang zu einer Seitenstraße, und tauchte dann im Gewühl auf der Breite Straße unter. Jetzt war ich sicher, daß mir niemand mehr folgte. Ich haßte es, mir durch das Gewimmel satter Gestalten, mit Einkaufstüten vollgepackt, den Weg zu bahnen, überall aus Kaufhäusern und Boutiquen dieses Gedröhne mit Weihnachtsliedern im happy go lucky-sound, überall dieser Geruch, in dem sich Benzin, Glühwein, Lebkuchen und heiße Maronen mischten. Der kürzeste Weg zum Hauptbahnhof wäre am Kunstmuseum und am WDR vorbei gewesen, aber zur Sicherheit machte ich einen Umweg über die Hohe Straße, in der man nur unter Einsatz seiner Ellbogen zwischen den Weihnachtseinkäufern vorankam.

In der Bahnhofshalle gab es mehrere Stellen mit Gepäckschließfächern. Neben der Kofferausgabe und in der Passage, die von der Bahnhofspost unter den Bahnsteigen zum Breslauer Platz durchlief, und noch an einigen anderen Stellen. Als ich nach gut einer halben Stunde endlich das Fach mit der Nummer auf dem Schlüssel gefunden hatte, stellte ich fest, daß der Schlüssel nicht paßte. Scheiße. Ich probierte es ein paarmal, schaute mich immer wieder verstohlen um. Drei oder vier Meter weiter schob ein lang aufgeschossener Farbiger eine schwere Reisetasche in ein Fach, ein Dicker im Wildledermantel mit Pelzkragen zerrte einen Metallkoffer heraus, ein Pudel hechelte herum. Ich konnte nicht ewig an dem Schließfach rumstochern, ohne mich verdächtig zu machen.

Wo gab es noch Schließfächer? Hier auf dem Hauptbahnhof bestimmt nicht zwei Depots mit derselben Nummer. Auf den Vorortbahnhöfen. Köln-Deutz, Köln-Süd, Köln-West... Mülheim, Ehrenfeld... dann in einigen U-Bahn-Stationen.

Vielleicht befand sich das Schließfach auch gar nicht in Köln, sondern in Bonn, oder sonstwo hier in der Umgebung. Verdammte Scheiße, ich konnte doch nicht anfangen, systematisch sämtliche Orte in der Umgebung mit Schließfächern abzuklappern. Schließlich mußte der Beuys-Aufsatz morgen raus. Die Zeit drängte und sie drängte auch hinsichtlich des Schlüssels. Die Mietzeit war ja irgendwann abgelaufen, und wenn kein Geld nachgeworfen wurde, dann öffnete die Bahnverwaltung das Depot und stellte den Inhalt sicher. Wann hatte Marzik das Fach gemietet? Gestern, an seinem Todestag? Oder schon vorher? Hatte sich für die Bahnpolizei inzwischen ein Anlaß ergeben, das Fach im Auge zu behalten? Erst jetzt kam ich auf den Gedanken, daß ich hier ganz schön in eine Falle laufen konnte.

Nachdem der Dicke mit dem Metallkoffer und der Farbige verschwunden waren, probierte ich noch ein letztes Mal den Schlüssel. Okay, Schuß in den Ofen, ab nach Hause, die Beuys-Klamotte fertig machen. Ich hätte hier am Dom in die Linie fünf steigen können, aber wenn ich schon mal in der Stadt war - selbst die Kölner, die im Innenstadtbereich am Ebertplatz oder im Severinsviertel wohnten, sagten »ich fahre in die Stadt«, wenn sie sich zur Hohe Straße oder zur Schildergasse aufmachten - dann konnte ich hier noch schnell ein paar kleinere Besorgungen erledigen und dann vom Neumarkt aus zurückfahren.

Als ich dann von Hertie durch die unterirdische Passage an den Schauvitrinen mit den Auslagen eines Teppichhändlers und eines Bettengeschäftes zur U-Bahnstadion »Neumarkt« ging, kam ich an einer Reihe Schließfächer vorbei. Mehr oder weniger beiläufig warf ich einen Blick auf die Nummern - und da war sie. Genau die Nummer, die auf dem Schlüssel stand. Ich stutzte, zündete mir eine Zigarette an und blickte mich um. Passanten hasteten an mir vorüber, vor dem Schaukasten mit den Plakaten vom Hänneschen-Theater saß ein Penner und spielte Mundharmonika. Wenn dieser Penner in Wirklichkeit von den Bullen war und das Schließfach im Auge behielt, dann war das die perfekte Tarnung. Du spinnst!

Die Zeit am Schließfach war noch nicht abgelaufen. Wenn der Schlüssel paßte, dann würde das bedeuten, daß Marzik hier gewesen sein mußte, kurz bevor er zur Verabredung nach Knechtsteden aufbrach.

Langsam zog ich den Schlüssel aus der Tasche, vermied es, mich weiterhin verstohlen umzusehen, hatte aber das Gefühl, die Augen des Penners mit der Mundharmonika bohrten sich in meinen Rücken wie Stricknadeln, die man zur Akupunktur einsetzt. Mir stockte der Atem, als der Schlüssel tatsächlich paßte und sich drehen ließ. Es machte klack, und dann zog ich mit einem Ruck die Tür auf.

Im Inneren befand sich nur eine Aldi-Plastiktüte. Ich nahm die Tüte, zwang mich, nicht an Ort und Stelle hineinzuschauen und ohne Hast davonzugehen. Am Ende der Passage nahm ich die Rolltreppe und tauchte vor dem Gesundheitsamt wieder nach oben. An der Ecke war eine Kneipe. Ich stellte mich an die Theke, die hufeisenförmig mitten im Raum angelegt war.An den Tischen saßen ein paar junge Leute, stierten schweigsam in ihre Biergläser, auf dem Barhocker am Ende des Tresens brabbelte ein Besoffener vor sich hin. Ich wartete, bis der Kellner ein Kölsch vor mich hingestellt hatte und ging dann mit der Tüte zur Toilette.

Dort schloß ich mich in eine Kabine ein. In der Tüte befand sich eine Klarsichtfolie mit ungefähr zwanzig Schreibmaschinenseiten - viele Tippfehler, unbeholfene Formulierungen, wie ich auf den ersten Blick sah. Ein kleines, abgegriffenes Notizbuch und ein Beutel mit weißem Pulver. Durchsichtiges Plastik, an den Rändern zusammengeschweißt.

Scheiße, das mußte Heroin oder Kokain sein. Wenn ich damit der Polizei in die Hände fiel, war ich reif. Ich hatte keine Ahnung, wie groß die Menge dieses Pulvers war, und was das Zeug wert war.

Jemand kam aufs Klo. Ich hielt den Atem an. War mir jemand vom Schließfach hierher gefolgt? Blödsinn! Ruhig, ganz ruhig, redete ich mir ein. Der Typ pinkelte bloß, dann hörte ich Wasserrauschen und das Geräusch vom Handtrockner. Endlich klackte die Tür wieder zu, der Typ war draußen. Ich riß den Beutel auf, roch an dem Pulver. Das brachte mich nicht weiter. Ich tippte ein paar Krümel mit dem Finger auf meine Zungenspitze, spürte ein leichtes Kribbeln, und dann so ein komisches taubes Gefühl. Kein Zweifel, das war eine Droge. Das beste war, den Kram sofort loszuwerden. Vorsichtig schüttete ich einen Teil davon ins Klo, spülte es runter. Drei- oder viermal wartete ich, bis der Spülkasten sich wieder gefüllt hatte, kippte das übrige Pulver weg, spülte dann noch einmal gründlich nach, bis ich sicher war, daß das Zeug spurlos in der Kanalisation verschwunden war.

Die leere Plastikhülle steckte ich zurück in die Aldi-Tüte. Ich mußte eine Ewigkeit dort unten gewesen sein. Im Thekenraum war alles normal. Zwei neue Gäste in Handwerkerkitteln standen am Tresen, der Besoffene brabbelte immer noch, die jungen Leute waren gegangen. Ich trank mein Bier aus und bestellte mir noch ein zweites. Wenn ich jetzt sofort gegangen wäre, hätte der Kellner vielleicht auf dem Klo nachgeschaut, was ich dort so lange gemacht hätte. Aber keiner von den Gästen oder vom Personal ging aufs Klo, und das beruhigte mich. Aber was hätte jemand denn dort finden können? Nichts! Alles Verräterische war in der Aldi-Tüte, die ich vor mir am Tresen an einem Kleiderhaken aufgehängt hatte.

Das Notizbuch und die Schreibmaschinenseiten mochte ich nicht hier in der Kneipe näher untersuchen. Aber wenn Marzik Gründe gehabt hätte, diese Unterlagen zusammen mit dem Schnee in einem Schließfach zu deponieren, dann wäre es auch vielleicht für mich nicht ratsam, den Kram mit nach Hause zu nehmen und dort zu lassen. Der Lesesaal der Stadtbibliothek ganz hier in der Nähe war mir ebenfalls zu öffentlich zum Studium von Marziks Hinterlassenschaft. Aber das Schnütgen-Museum! Sie hatten dort einen kleinen Arbeitsraum für die wissenschaftlichen Mitarbeiter, und eine kleine Bibliothek. Ein Studienfreund von mir, Dr. Ulrich Schulte, war dort beschäftigt. Der würde mich ohne weiteres eine halbe Stunde in dem Raum dort in Ruhe sitzen lassen, wenn ich ihm erzählte, ich wollte dort in einem alten, völlig vergriffenen Katalog über Abendmahlskelche des Spät-Barock etwas nachschlagen.

Das Schnütgen-Museum ist in der alten romanischen Cäcilien-Kirche untergebracht. Zur Zeit stellten sie dort eine Sammlung von Reliquien aus. Schulte mußte gleich eine Führung durch die Sammlung leiten, er konnte sich nicht großartig um mich kümmern, und das war mir recht. Er regelte aber mit den Aufsichtsfritzen, daß ich in den Bücherraum durfte. Dort war ich nicht allein, ein bleicher Hospitant hatte sich dort zwischen ein paar dicken Wälzern vergraben, nahm aber keine Notiz von mir. Schulte suchte mir den Katalog raus, den ich als Vorwand benutzt hatte, ich blätterte ein wenig darin herum, und zog dann das Notizbuch heraus. Dort war Marziks Adresse vermerkt: Brüsseler Straße 97. Im Kalender nur sporadische Eintragungen, die mir nicht viel sagten: 22 Uhr Klaus. 21 Uhr Theo. Im Adressenteil ein paar Namen mit Telefonnummern. Meistens nur Vornamen. Auch hier konnte ich auf den ersten Blick nichts Brisantes erkennen. Euler war jedenfalls nicht aufgeführt. Und meine Telefonnummer war hier auch nicht registriert, wie ich beiläufig, aber auch mit einer gewissen Erleichterung feststellte. Ein paar der aufgeführten Nummern hatten die Vorwahl von West-Berlin, zwei sogar die Ortszahl von Ost-Berlin. Nun, das konnte interessant sein.

Erst die letzten Seiten in diesem Notizbuch offenbarten seinen Wert und seine Gefährlichkeit. Drei oder vier Seiten waren in kleiner, enger Schrift vollgeschrieben. Rund ein Dutzend Vornamen, die sich ständig wiederholten, hinter den Namen Zahlen: Klaus 500, Artur 2000, Klaus 800, Dietmar 700, Dietmar 600, Klaus 900 usw. Was das zu bedeuten hatte, war nicht schwer zu erraten: Marziks Buchführung über seine Abnehmer für den Schnee und die Summen, die er für die Lieferung zu bekommen hatte. Mehr als die Hälfte der Zeilen war durchgestrichen: Geschäft erledigt. Der Liste nach schienen ein gewisser Klaus und ein gewisser Heinrich Großabnehmer zu sein, wenn meine Hypothese stimmte, daß Marzik hier seine Dealerei dokumentiert hatte.

Ich blätterte noch einmal die Termineintragungen durch. Die Häufigkeit der Verabredungen mit Klaus, Heinrich und Theo entsprach ungefähr der Häufigkeit, mit der ihre Namen hinten in der Liste auftauchten. Diese Leute hatten bestimmt kein Interesse daran, daß Marziks Notizkalender in falsche Hände geriet. Hatte er einen oder sogar einige von ihnen erpreßt? Die Zahlen mußten ja nicht unbedingt Abrechnungen über Drogenlieferungen sein, sondern es konnte sich auch um Notierungen von erpreßten Geldern handeln. Schutzgelder oder sowas. Als Marzik nach Knechtsteden gefahren war, um sich mit mir zu treffen, war ihm einer dieser Leute hinterher gefahren und hatte dann durchgedreht. Aber wie war Marzik nach Knechtsteden gekommen? Der Postbus da in der Gegend fuhr nur dreimal am Tag. Wenn Marzik mit einem eigenen Wagen gekommen war - wer hatte diesen Wagen dann fortgeschafft? Es mußten zwei Leute gewesen sein, die Marzik gefolgt waren. Einer fuhr mit dem eigenen Wagen zurück, der andere mit Marziks Wagen. Oder war Marzik zusammen mit seinem Mörder zu dieser Ziegelei-Ruine gefahren?

Ich steckte das Notizbuch zurück in die Tüte und nahm die Hülle mit den Schreibmaschinenseiten hervor.

›Diese Geschichte habe ich zu meinem eigenen Schutz aufgeschrieben. Weil ich glaube, daß Klaus Palenberg mich linken will. Wenn mir etwas passiert, soll alle Welt wissen, warum. Ich habe dafür Sorge getragen, daß dann die Sache ans Licht kommen wird...‹ Junge, Junge, das begann ja ganz schön pathetisch. Doch je weiter ich las, desto mehr pochte mir das Blut in den Schläfen. Marzik hatte seine Version der Silberberg-Story aufgeschrieben. Schnörkellos, und in schlechtem Deutsch. In dem Puzzle, das ich aus meinen bisherigen Kenntnissen zusammengefügt hatte, konnte ich nun die allerletzten Stücke einbauen. Triebes Version einer Geheimdienst-Intrige wurde damit bestätigt, aber in etwas anderen Nuancen. Marziks Text war sozusagen ein Geständnis, nur das Wichtigste fehlte: nämlich ein Hinweis auf den Ort, wo sich das Bild jetzt befand.

Ich fühlte mich ganz schön erschlagen, als ich mit der Lektüre zu Ende war. Der Hospitant hatte mich nicht beachtet. Ich stellte den Katalog ins Bücherregal zurück, nickte dem Hospitanten einen kurzen Gruß zu. Dr. Ulrich Schulte hatte seine Führung beendet, wir quatschten noch eine Weile über Belanglosigkeiten, bis ich mich endlich von ihm loseisen konnte. Ich hastete zum Neumarkt, zu dem Taxistand vor der Buchhandlung und ließ mich schnurstracks zu der Bankfiliale chauffieren, wo ich mein Konto und mein Bankschließfach hatte. Als ich dort das Notizbuch und Marziks Beichte deponiert hatte, atmete ich auf.

17.

Sergej Nikolajwitsch Wasprotow sprach ein ausgezeichnetes Deutsch. Er hatte eine tiefe, gutturale Stimme und rollte das ›R‹. Seine stattliche Figur war in einen Wintermantel aus hellbraunem Kamelhaar gehüllt, dazu trug er einen dunkelblauen Wollschal und einen ebenfalls dunkelblauen Hut. Sein rundliches Gesicht hatte eine gesunde, leicht rötliche Farbe; auffallendes Merkmal war eine fleischige Nase, die von feinen blauen Äderchen durchzogen war.

Er war Offizier im militärischen Nachrichtendienst der Sowjet-Union, der Glawnoje Raswediwatelnoje Unprawlenije, der Hauptverwaltung für Erkundung, kurz GRU genannt. Wasprotow war dem GRU-Stützpunkt in Leipzig zugewiesen, und er hätte Dr. Henner Triebe dorthin zur Unterredung bestellen können, aber Wasprotow hatte die Gelegenheit wahrgenommen, nach Ost-Berlin zu fahren, um das weltstädtische Flair dort zu genießen, im Vergleich zum provinziellen Leipzig.

Sie spazierten durch einen Park mit einem Weiher in der Mitte. Enten zankten sich schnatternd um die Brotkrumen, die ihnen ein alter Mann zuwarf. Kinder in dick wattierten Anoraks spielten mit einem Ball auf einer schlammigen Wiese. Es war ein milder Wintertag mit leicht säuerlichen Geruch in der Luft.

»Die westlichen Medien haben die Ereignisse hier in der DDR und in der CSSR als friedliche Revolution bezeichnet. Friedlich! Erst gestern nacht hat es wieder Übergriffe aufgebrachter Bürger gegen Einrichtungen der sowjetischen Streitkräfte gegeben! Wir haben Zusammenrottungen von Neo-Nazis registriert, die uns als Besatzungsmacht beschimpfen. Ein sowjetisches Ehrenmal wurde beschmiert! Und Sie erwarten von uns, daß wir still halten! Selbstverständlich ist alles, was in dieser Woche hier passiert, innere Angelegenheit der DDR, und wir befolgen strikt das Prinzip der Nicht-Einmischung. Aber dann, mein lieber Triebe, ist es die Aufgabe von Ihnen und Ihren Leuten, dafür zu sorgen, daß kein Chaos entsteht!«

Wasprotows Stimme klang scharf und aufgebracht, und als er ›mein lieber Triebe‹ sagte, hörte sich das nicht gönnerhaft, sondern geradezu hämisch an.

»Wie denn, Genosse Wasprotow?« wagte Triebe einzuwenden.

»Das MfS wurde aufgelöst, seine Nachfolgeorganisation, das Amt für Sicherheit, soll ebenfalls wieder abgeschafft werden. Die Gespräche am Runden Tisch zwischen SED, den übrigen bisherigen Blockparteien und der Opposition drohen zu platzen, weil man sich nicht über die Einrichtung eines Verfassungsschutzes in der DDR einigen kann. Angesichts der Vorgänge in Rumänien, wo die Securitate ein fürchterliches Gemetzel angerichtet hat, werden Sie derzeit bei uns in der DDR nicht verhindern können, daß die noch aktiven Stasi-Leute entwaffnet werden. Ich persönlich halte ja nichts davon, daß sie ihre Waffen bei der Volksarmee und der Volkspolizei abliefern sollen«, bekundete Triebe.

»Sie müssen mir nicht erklären, daß Sie derzeit handlungsunfähig sind. Was sollen diese Absichtsbekundungen, die DDR könne auch in Zukunft nicht auf Auslandsspionage verzichten, wenn daraus keine praktischen Konsequenzen gezogen werden! Ich habe vergangene Woche in Moskau General Raschotin persönlich Bericht erstattet. Generalmajor Beppajew hatte ja die Zahl der von uns hier eingesetzten Offiziere reduziert, wegen der gestiegenen Bedeutung der Dienste der DDR. Doch jetzt werden wir genau die gegenteilige Politik verfolgen. Wir müssen personell wie operationsmäßig einen Ausgleich schaffen. Dazu gehört auch, Spezialisten wie Sie, die angesichts der veränderten Situation in der DDR völlig in der Luft hängen, an uns zu binden.«

Wasprotow blieb stehen, holte ein silbernes Zigarettenetui hervor und zündete sich eine Virginia an. Triebe bot er keine Zigarette an.

»Das bedeutet, daß die Signalwirkung, die die Reformpolitik des Genossen Gorbatschow auf die Bruderländer hatte, auf der nachrichtendienstlichen Ebene eine Korrektur erfahren soll?« fragte Triebe.

»Das bedeutet gar nichts!« antwortete Wasprotow abrupt. »Es ist nicht meine Aufgabe, mit ihnen hier im Park die Politik des Genossen Gorbatschow zu diskutieren. Wir können die Gefährdung unserer Sicherheit nicht passiv hinnehmen. Wenn Sie es ideologisch sehen wollen: der Klassenkampf wird durch die Umwälzungen in Europa verschärft. Reaktionäre Elemente versuchen, sich die Situation zunutze zu machen und die Oberhand zu gewinnen! Die Politik in den sozialistischen Ländern hat dem Klassenfeind bislang nur in die Hände gespielt. Die USA dringen mir nichts dir nichts wie ein Schlägertrupp in Panama in die Botschaft Nicaraguas ein, sie starten dort eine militärische Invasion, sie benutzen dabei angebliche Drogengeschäfte von General Noriega als Vorwand, und sie bombardieren wahllos das Viertel, in dem Noriega seine Kindheit verbracht hat, bloß, weil sie glauben, die Leute, die dort wohnen, seien Noriega-Anhänger und anti-amerikanisch eingestellt. Und nachdem sie dreißig Jahre lang mit Boykotts und Embargomaßnahmen den Fortschritt der kubanischen Revolution nicht aufzuhalten vermochten, stellten sie in ihren Zeitungen nun auch mit den miesesten Propagandamethoden den Genossen Castro als Mitglied eines Kokain-Kartells dar. Gleichzeitig kehren sie die schmutzigen Geschäfte des CIA unter den Tisch. Irgendwann werden sie auch nicht vor der Behauptung zurückschrecken, der Genosse Gorbatschow sei Kopf der internationalen Mafia. Sie finden diesen Gedanken absurd, mein lieber Triebe?«

Wasprotow hatte sich in eine Erregung hineingesteigert und lebhaft gestikuliert. Und gleichzeitig hatte er mit seinen flinken Augen alle Vorgänge in der Umgebung aufmerksam registriert, die Kinder mit dem Ball, den alten Mann, der inzwischen zum Ausgang am anderen Ende des Parks gegangen war, die zwei Jugendlichen mit Punk-Frisuren in ihren Bomberjacken aus glänzender Lederimitation, die auf der Rückenlehne einer Parkbank hockten, die Füße auf der Sitzfläche, und sich mit einer Flasche Schnaps beschäftigten. Wasprotow und Triebe hatten den Weiher nun umrundet, sie drehten sich um und gingen denselben Weg zurück.

»Wir haben Beweise, daß ein erheblicher Teil der Demonstrationen in der DDR vom Westen gesteuert ist«, fuhr der Russe fort. »Die meisten Aktivitäten gehen von West-Berlin aus. Die Beteiligung der militärischen Nachrichtendienste der West-Alliierten können wir noch nicht richtig einschätzen. Aber vieles wirkt wie klassische Fallbeispiele aus einem Lehrbuch über psychologische Kriegsführung«.

Triebe fragte sich, ob Sergej Nikolajwitsch Wasprotow dabei war, sich in eine Paranoia hineinzusteigern. Er war ihm nicht oft genug begegnet, um sich ein genaueres Bild über Wasprotows Persönlichkeit machen zu können. Gewiß, der Mann war ein linientreuer Kommunist, und im Westen wie im Osten saßen die meisten alten kalten Krieger in den Geheimdiensten, denn diese Behörden brauchten zur inneren Rechtfertigung ihrer Arbeit die überlieferten Feindbilder eher und dringender als alle anderen. Nun, diese Dienste hatten durchaus die Mittel, Putschs, Umstürze, Aufstände und Revolutionen anzuzetteln. Sie bauten einen Haufen harmloser Spinner zu einer gut ausgerüsteten Rebellenbewegung auf und sie schafften es auch, einem allmächtigen Herrscher ein kräftiges Feuer unter dem Hintern anzuzünden, sie manipulierten Wahlen und sie hatten mit den verschiedensten Methoden auch die großen Pressekonzerne im Griff. Triebe kannte das Geschäft, er war lange genug in dieser Branche. Allerdings liefen solcherlei Aktionen immer nur in einem einzigen Land zu einer bestimmten Zeit. Daß man halb Europa von der Ostsee bis zum Schwarzen Meer mit geheimdienstlicher Infiltration aufstacheln konnte, hielt Triebe für unmöglich. Aber das hatte Wasprotow ja auch nicht behauptet, er hatte nur von punktuellen Aktionen, ausgehend von West-Berlin, gesprochen.

»Wir haben bereits mit ihren Leuten abgeklärt, daß ausgesuchte Leute wie Sie, Herr Triebe, sofern eine Weiterbeschäftigung im Ministerium der DDR für Nationale Verteidigung keinen Vorrang hat, von uns übernommen werden. Bis auf weiteres. Ich bin dabei, eine Sondereinheit aufzubauen, die übrigens nicht der I. Abteilung der GRU unterstellt ist, die für den Aufbau von Agentennetzen zuständig ist. Es handelt sich ja auch nicht um ein Agentennetz im üblichen Sinne. Formell ist diese Sondereinheit Teil unseres strategischen Nachrichtendienstes in der Abteilung II, deren Arbeitsgebiet Westeuropa ist. Denn was an gegen die DDR gerichteten Aktivitäten in West-Berlin seinen Ausgangspunkt hat, wird in Bonn, Paris, und London geplant. Sie persönlich werden allerdings wie bisher West-Berlin als Operationsgebiet haben. Ich denke, daß Sie Ihre Tätigkeit im Kunsthandel aufgeben werden.«

»Gott sei Dank. Es fiel allmählich auf, daß ich von Kunst keine Ahnung habe«, antwortete Triebe.

»Diese Tarnung war ja nur wegen dieser Silberberg-Geschichte notwendig. Ich darf Sie daran erinnern, daß hier immer noch dringender Aufklärungsbedarf besteht«.

Triebe wunderte sich über die bürokratischen Formulierungsschlenker, in die Wasprotow verfallen war. Seine vorherige Lebhaftigkeit war nun von leicht verknöchertem Gebaren abgelöst worden. Vielleicht war dieser Wandel auch nur bloße Schauspielerei. Triebe wurde nicht recht klug aus diesem russischen Nachrichtenoffizier, dessen äußere Gestalt gemütlich wirkte, und der Triebe gleichzeitig an einen hochkonzentrierten Schachspieler erinnerte.

»Ich bin dabei, einen Bericht abzufassen...«,merkte Triebe an.

»Sie werden nur mir persönlich berichten. Und von unseren Zentralen in Karlshorst und Wünsdorf halten Sie sich fern!«

»Selbstverständlich!« Triebe ärgerte sich, daß er sich dem Russen gegenüber so devot benahm.

»Wie würden die Westdeutschen und ihre Verbündeten reagieren, wenn die Situation hier in der DDR so wie in Rumänien eskaliert. Ein offenes militärisches Eingreifen würden sie nicht wagen. Oder doch? Die Informationen, die dieser Terry Boyle bereit war zu liefern, wären für uns jetzt noch wichtiger als vor einem halben Jahr. Denken Sie an die amerikanische Invasion in Panama! Und wir können es erst wagen, einen neuen Anlauf zu unternehmen, an diese Informationen zu kommen, wenn wir mehr über die Hintergründe von Boyles Tod und die Gegenmaßnahmen der Amerikaner wissen!« Wasprotow zurrte an seinem Schal.

»Wie oft soll ich mich denn noch für die Panne entschuldigen, daß im Falle Boyle unser militärischer Dienst und der Stasi aneinander vorbeigearbeitet haben?« begehrte Triebe auf. »Boyle war der Mann unseres Dienstes für Militärspionage. Und der Stasi hat unabhängig davon die Operation mit dem Bilderschmuggel gestartet. Schlüsselfigur bei dieser Sache war ein gewisser Stefan Marzik aus Köln. Eine höchst dubiose Figur. Als Doppelagent ein kleiner Fisch. Im MfS wußten sie, daß dieser Bursche gelegentlich als V-Mann für den westdeutschen Verfassungsschutz und diverse Polizeiabteilungen arbeitete. Sozusagen als Absicherung für seine sonstigen kriminellen Aktivitäten. Was sie aber nicht wußten, war die Tatsache, daß Marzik mit diesem Boyle schon früher in Berlin zusammen Drogengeschäfte durchgeführt hatte. Für diesen Marzik war es naheliegend, Boyle als Kurier zu benutzen, um das Bild in den Westen zu schaffen. Boyle ahnte allerdings, wie wertvoll das Bild tatsächlich war. Er erkundigte sich in zwei West-Berliner Galerien und in zwei Auktionshäusern nach dem Wert. Er zeigte dort sogar die Fotografie von dem Bild vor, die Marzik ihm überlassen hatte. Ich habe das nachgeprüft. Die Kollegen vom amerikanischen Dienst übrigens auch. Mit derselben Methode wie ich. Einfach mit dem Foto alle Kunsthandlungen in West-Berlin abgeklappert, herum gefragt, ob den Leuten was dazu einfiele. Vorwände, eine solche Frage zu stellen, findet man genug. Und prompt bekommt man viermal zu hören, ja, da war ein Amerikaner hier, der hatte das gleiche Foto gezeigt und sich erkundigt, was das Original wohl wert sein könnte.«

»Mein lieber Triebe, das weiß ich alles längst. Da erzählen Sie mir nichts Neues«, sagte der Russe ruhig.

»Was Sie aber nicht wissen, ist die Tatsache, daß Marziks Führungsoffizier vom Stasi, ein gewisser Fürbeck, in den Westen rübergemacht hat. Als die Leute hier anfingen, die Stasi-Leute anzupöbeln, als das MfS aufgelöst wurde, hat Fürbeck kalte Füße bekommen und sich in den Westen abgesetzt. Raten Sie mal wohin?«

»Wahrscheinlich nach Köln-Chorweiler. Ich nehme an, er hat dort dem westdeutschen Verfassungschutz seine Lebensgeschichte erzählt«, meinte Wasprotow sarkastisch.

»Richtig. Nun er war und ist ein kleiner Fisch. Es bestand

keine Notwendigkeit, ihn abzuschirmen und mit einer neuen Identität auszustatten. Fürbeck fühlte sich auch völlig sicher, er hat gar nicht auf solchen Sicherheitsmaßnahmen bestanden. Sie besorgten ihm eine billige Wohnung und einen Job. Als Fahrkartenkontrolleur in der Straßenbahn. In Köln. Nun, bei meinen Nachforschungen über Terry Boyle und das verschwundene Silberberg-Bild war es für mich naheliegend, nach Köln zu fahren. Dieser Marzik war ja Kölner. Das war eine Spur, die ich verfolgte, als ich mit meinen Recherchen in West-Berlin nicht mehr weiterkam. Ich habe einschlägige Lokale abgeklappert, ich habe auch Leute getroffen, die ihn kannten, hatte auch ein paar Adressen ausfindig gemacht, unter denen Marzik anscheinend anzutreffen gewesen wäre, aber er hatte seine Adresse so häufig wie möglich gewechselt, ich hatte mit Vermietern gesprochen, ehemaligen Nachbarn, die ihn vom Sehen her kannten, Marzik war für mich unauffindbar. Ich sprach mit Kunstexperten, speziell mit Fachleuten in Sachen Daniel Silberberg, alles vergeblich«, erzählte Triebe.

»Sie langweilen mich«, sagte Wasprotow lakonisch. Sie hatten nun den Teich ein zweites Mal umrundet, Wasprotow hatte die ganze Zeit die wenigen anderen Spaziergänger im Auge behalten und ließ seinen Blick nun über die kahlen Trauerweiden mit ihren tief hängenden Ästen an der grasbewachsenen Böschung wandern, die den Ententeich umrahmte.

»Ich wollte Ihnen nicht erzählen, wie mühsam meine Nachforschungen waren, sondern nur darauf hinweisen, daß sich Fragen nach Marzik Verbleib erübrigen«, verteidigte sich Triebe in einer geschraubten Sprechweise, als ob er damit Wasprotow nachäffen wollte.

»Kommen Sie endlich zur Sache, ich muß gleich nach Leipzig zurück«, drängte der Russe.

»Also, ich sitze in Köln in der Straßenbahn. Und wer kontrolliert meinen Fahrschein? Der Überläufer Fürbeck. Er erkannte mich, aber er wußte in diesem Augenblick nicht, ob ich auch ein Übersiedler aus der DDR, sogar ein Überläufer und Verräter wie er war, ob ich hinter ihm her war, oder wegen irgend etwas ganz anderem ausgerechnet in Köln in der Straßenbahn saß. Fürbeck war natürlich völlig verdattert, als er mich sah. Aber er hatte es nicht gewagt, mich als Mitarbeiter vom ehemaligen MfS anzuschwärzen. Nun, ich will Sie nicht mit Einzelheiten langweilen, wie es mir dort in Köln gelang, Fürbeck festzunageln. Er hatte eingesehen, daß es keinen Sinn gehabt hätte, vor mir davonzulaufen. Ich versprach ihm schließlich, ihn fortan in Ruhe zu lassen«.

Dr. Henner Triebe kostete seine Erzählung aus, er genoß die Situation, mehr zu wissen als sein russischer Kollege, der sich aufführte, als ob Breschnews Doktrin von der begrenzten Teilsouveränität der sozialistischen Bruderländer immer noch Gültigkeit hätte.

»Aber wo ist denn die Pointe Ihrer Geschichte?« fragte Wasprotow ungehalten.

»Nun, dieser Boyle hatte das Bild nach West-Berlin geschafft. Und als er sich über dessen tatsächlichen Wert informiert hatte, versuchte er für seine Kurierdienste mehr Geld herauszuschlagen und geriet mit Marzik in Streit. Der wollte ihm keinen höheren Anteil zukommen lassen. Es kam zu einer tätlichen Auseinandersetzung, Marzik schlug Boyle nieder, und dieser starb an der Kopfverletzung. Nach Fürbecks Darstellung wollte Marzik diesen Boyle gar nicht umbringen, sondern ihm nur einen kleinen Denkzettel verpassen. Er dachte, Boyle würde wohl klein beigeben, wenn er ihn gründlich verprügelte. Aber er hatte zu fest zugeschlagen. Und seinem Führungsoffizier Fürbeck blieb nichts anderes übrig, als ihm beizustehen, die Sache zu vertuschen. Wir, das heißt Fürbeck, nahmen Marzik aus der Schußlinie, sorgten dafür, daß keine Spur mehr zu ihm führen konnte. Stellen Sie sich vor, was das für einen Skandal gegeben hätte, wenn da was rausgekommen wäre!«

»Und wo ist das Bild? Das ist doch ein Hinweis, oder nicht?«

»Alle daran Beteiligten halten brav den Mund, das kann ich ihnen garantieren. Das Bild ist verschwunden, ich habe es in Köln nicht auffinden können.«

»Mein lieber Freund, noch zu Andropovs Zeiten wäre man mit Marzik und Fürbeck ganz anders umgesprungen«, bemerkte Wasprotow.

»Die Zeiten haben sich geändert. Es kann nichts mehr herauskommen. Alle Belege und Akten darüber sind vernichtet. Als neulich aufgebrachte Bürger die Zentrale der Staatssicherheit in der Normannenstraße stürmten und dort randalierten, konnte ihnen nur unwichtiges Zeug in die Hände fallen. Sie können beruhigt sein, Genosse Wasprotow.«

18.

Marziks Leiche wurde schneller entdeckt, als ich angenommen hatte. Die Felder und kleinen Waldstücke von Knechtsteden waren Jagdgebiet, ich war auf meinem Umweg zu der alten Ziegelei an zwei oder drei Hochständen vorbeigekommen. Es gab hier Hasen und Kaninchen, Rebhühner und Fasane. Ein Jagdhund war durch den morschen Zaun auf das Ziegeleigelände eingedrungen, und dort hatte ihn wohl der Verwesungsgeruch von Marziks Überresten angelockt, er hatte auf die Zurufe seines Herrn nur mit aufgeregtem Gebell reagiert. Marziks Leiche war eine Beute, die er nicht apportieren konnte. Es war ein gut abgerichteter Jagdhund, darauf getrimmt, sich bei seiner Arbeit nicht ablenken zu lassen, wenn es galt, Wild aufzuspüren, zu hetzen und seinem Herrn vor die Flinte zu treiben und dann im Gelände die Beute auszumachen und zu sichern. Der Hund raste immer kläffend zwischen dem Hof und dem ruinösen Gebäude, wo Marzik lag, hin und her, lief dann zum Zaun, wo sein Herr stand, und wieder zurück zu dem zerbröckelten Gemäuer. Sein Herr merkte schließlich, daß da etwas nicht stimmte und zwängte sich durch das Loch im Zaun.

Dem Jäger war speiübel geworden, und selbst für den hartgesottenen Spezialisten in forensischer Medizin, der sich um die Obduktion kümmerte, wäre der Glöckner von Notre Dame ein Anblick von strahlender Schönheit gewesen. Die Spurensicherung, so war dem Polizeibericht zu entnehmen, war erfolglos abgezogen.

Marzik war erschossen worden, drei Kugeln aus einer Armeepistole steckten in seiner Brust, und diese Wunde hatte die Blutlache verursacht, die ich gesehen hatte. Als Mordverdächtige präsentierte die Polizei nach kurzer Zeit zwei schräge Typen aus dem Drogenmilieu. In Sachen Marzik waren sie aber bald wieder entlastet, obwohl man sie wegen anderer Delikte, wegen denen man schon seit längerer Zeit nach ihnen gefahndet hatte, weiterhin unter Verschluß hielt.

Solange ich nicht wußte, wer Marziks Mörder war, brauchte ich auch keine Gewissensbisse zu haben, daß wegen meines Schweigens ein Unschuldiger auf die Anklagebank gesetzt wurde. Die Aufzeichnungen, die ich im Schließfach gefunden hatte, zeigten keinerlei Anhaltspunkt, wer Marzik in der alten Ziegelei niedergeknallt haben könnte. Zur Aufklärung des Mordfalls schienen sie unerheblich zu sein; ich sah auch jetzt keinerlei Veranlassung, damit zur Polizei zu rennen. Ich überlegt mir, welche Fragen dieser Hauptkommissar Sechler mir wohl stellen könnte und legte mir die passenden Antworten zurecht. Marzik verschwand freilich recht schnell aus den Schlagzeilen der Lokalpresse, die sich statt dessen auf den Sexualmord an einem fünfjährigen Mädchen in Zollstock stürzte, das in einem Schrebergartengelände umgebracht worden war. Als man den Mörder, den Kassenwart des Schrebergartenvereins, dingfest gemacht hatte, war Marzik für die Presseleute längst vergessen.

So erfuhr ich nichts mehr über den Fortgang der Ermittlungen. Ich hatte noch ein oder zwei Abende in der Trattoria verbracht. Salvatore redete über die vergangene Fußballweltmeisterschaft in Italien, aber er erwähnte mit keinem Wort jenen getöteten Gast, der hier mit mir am Tisch gesessen hatte. Vielleicht hatte Salvatore Marzik auch völlig vergessen, schließlich bediente er jeden Abend Dutzende von Leuten. Obwohl Marzik an jenem Abend ziemlich auffällig gewirkt hatte, schien Salvatore ihn völlig aus seinem Gedächtnis verbannt zu haben. Oder aber Salvatores Lebenserfahrung gipfelte in der Haltung, sich nicht in Dinge einzumischen, die ihn nichts angingen.

Allerdings mußte er von Marziks Tod in der Zeitung gelesen haben, denn eine alte ›Express‹ hatte oben auf dem Stapel mit Zeitungen auf dem kleinen Tischchen neben der Theke gelegen, und Marziks Tod wurde in jenem Exemplar auf Seite eins groß aufgemacht. Wenn der Kommissar hier auflaufen und Salvatore zusetzen würde, dann käme natürlich heraus, daß ich mit dem Mordopfer hier zusammen gesessen hatte.

Aber von sich aus würde Salvatore nicht den Mund aufmachen. Und der Kommissar mußte erst einmal einen Hinweis haben, sich um die Trattoria zu kümmern...

Hauptkommissar Sechler ließ mich in Ruhe. Und das bedeutete, daß es für ihn keinerlei Zusammenhang zwischen Marziks Tod und dem Silberberg-Bild gab, und daß zweitens meine Fahrt zu der alten Ziegelei völlig unbemerkt geblieben war. Die Nervosität und Anspannung, die einige Tage lang meine Gemütsverfassung bestimmt hatte, war völlig verflogen. Eigentlich war ich ein völliger Idiot, diese Nervosität auf mich genommen zu haben, bloß weil ich aus irgendeiner Eingebung heraus, für die es keinerlei vernünftige Gründe gab, ein paar Sachen vertuscht und für mich behalten hatte. Aber schließlich fand ich sogar Spaß daran, wider alle Vernunft gehandelt zu haben.

Dahinter stand keinerlei Philosophie wie bei Dostojewskis Romanfigur Rodion Raskolnikow, der eine Pfandleiherin umbrachte als Prüfstein für seine Theorie, daß es dem Genie erlaubt sei, sich über die für die Masse der Menschheit gemachten weltlichen Gesetze zu erheben. Ich hatte auch keinerlei subversive Anliegen, aus denen mein Verhalten erklärbar gewesen wäre.

Was ich unternahm, entzog sich jeglicher Moral und jeglicher Politik, obwohl die Sache - wie ich aus Marziks Aufzeichnungen ersehen konnte - politisch im höchsten Maße brisant war. Aber Moralisten bogen sich ihre Ethik immer so zurecht, wie es ihnen paßte, und die Politiker, die ich auf Vernissagen und Empfängen leibhaftig kennengelernt hatte, waren für mich in höchstem Maße unmoralisch gewesen, mehr noch als ein Straßenräuber, der auf dem Friedhof ein altes, klappriges Mütterchen beklaut.

Mit den Telefonnummern aus Marziks Notizbuch konnte ich nicht viel anfangen. Wenn ich diese Nummern durchprobierte und dabei zufällig einem Koks-Baron auf die Matte stieg, oder einem Geheimdienst-Otto, kam ich dadurch auch nicht an das Bild heran, hetzte mir eher nur unnötigerweise ein paar uncoole Typen auf den Hals.

Mein Vorteil im Augenblick war ja, daß niemand wußte, außer dem Notar in Bayenthal, daß ich in punkto Silberberg mitmischte. Weder Kommissar Sechler noch dieser Triebe konnten etwas ahnen, ihre Kontaktaufnahme zu mir war nur ein Versuchsballon gewesen.

Dieser Finanzmakler Klaus Palenberg, den Marzik in seinen Aufzeichnungen erwähnte, war der einzige Anhaltspunkt. Es war ein grauer, diesiger Januarmorgen, als ich ihn in seinem Büro anrief. Palenbergs Stimme klang sehr mechanisch. Ich stellte mich vor und erwähnte, daß ich Silberberg-Experte sei.

»Wie schön für Sie. Was kann ich für Sie tun?« fragte der Mann am anderen Ende der Leitung.

»Ich hatte mich vor einiger Zeit mit Herrn Marzik unterhalten«, sagte ich leichthin. Palenberg schwieg, wahrscheinlich überlegte er, was das sollte, wie er am besten darauf reagierte, ob es das Vernünftigste war, abzustreiten, daß er Marzik gekannt hatte.

»Marzik? Den hat man doch umgebracht?« antwortete er schließlich. Das war unverfänglich.

»Aber bevor man ihn umbrachte, hatte er noch eine Geschichte zu erzählen.«

»Hören Sie, ich bin sehr beschäftigt...«

»Er wollte ein Silberberg-Bild verkaufen, das aus Ost-Berlin stammt. Ich sollte ihm dabei helfen. Marzik gab vor, in Ihrem Auftrag zu handeln.«

Letzteres war gelogen, ganz im Gegenteil, Marzik hatte allem Anschein nach auf eigene Faust gehandelt, hatte wohl sogar versucht, diesen Palenberg auszutricksen. War Palenberg ihm etwa zu der alten Ziegelei gefolgt? War Marziks Mörder am anderen Ende der Leitung? Ich war bei weitem nicht so cool, wie ich tat.

»Lächerlich! Ich handele nicht mit Bildern. Das ist überhaupt nicht mein Metier. Ich beschäftige mich mit Finanzierungsberatung«, wich Palenberg aus, »umgekehrt auch mit Anlagenberatung.«

»Kunstwerke sind doch eine gute Kapitalanlage. Wäre eine Kunstsammlung nicht eine gute Kreditsicherheit?«

»Möglicherweise. Aber ich weiß nicht, worauf Sie hinauswollen. Was geht mich das an, was dieser Marzik angestellt hat?«

Wenigstens stritt er nicht ab, Marzik zu kennen.

»Hat Marzik denn für Sie gearbeitet?«

»So kann man das nicht nennen. Ich habe ihn gelegentlich Botengänge erledigen lassen. Aber es war kein Mitarbeiter in meinem Betrieb. Ich weiß nicht, was das soll, und ich habe jetzt einen wichtigen Termin...«

»Am Telefon ist ein solches Gespräch auch nicht sehr ergiebig. Wenn Sie ein halbes Stündchen erübrigen könnten, würde ich mich gerne näher mit Ihnen darüber unterhalten.

»Also schön, irgendwie interessiert es mich ja schon, was andere Leute für Gerüchte über mich in die Welt gesetzt haben. Aber nur rein spaßeshalber. Wenn ich immer alles dementieren würde, was so erzählt wird, käme ich zu nichts anderem mehr. Aber nun gut... warten Sie, ich schau mal in meinen Terminkalender... morgen nachmittag, fünfzehn Uhr, ginge das?«

Ich stimmte zu. Am nächsten Tag stellte ich meinen Wagen im Parkhaus vor dem ›Bauhaus‹-Handwerkermarkt ab. Palenbergs Büro war schräg gegenüber auf der anderen Seite vom Barbarossaplatz. Der Aufzug brachte mich mit leichtem Surren in die fünfte Etage. Eine braungetönte Glastür führte in Palenbergs Räume. Ein großer Flur, mit einem Teppichboden ausgelegt, der wie ein Feld aus zusammengeknüpften Bastkordeln wirkte. Massive Blumenkübel mit breitblättrigen Pflanzen in saftigem Grün, ein kleiner Springbrunnen ließ Wasser auf die braunen Hydro-Steine plätschern. Ein Original-Druck von Warhol, Zeichnungen von Horst Janssen und ein paar Grafiken von Hundertwasser an den Wänden. Hinten in der Ecke eine abstrakte Skulptur aus rostigem Gußeisen.

Eine rothaarige Vorzimmerdame in einer schwarzglänzenden Bluse und einem knallroten, eng anliegenden Minirock empfing mich mit einem strahlenden Lächeln, das einen Bären aus dem Winterschlaf herausgerissen hätte.

»Herr Palenberg erwartet Sie.«

Palenberg hätte es wohl auch als Playboy im Marbella Beach Club zu etwas gebracht. Seine tadellose Figur war in einen grauen Gabardie-Anzug gehüllt, sein Gesicht im Solarium gebräunt. Doch er mußte wohl noch zehn Jahre warten, bis man seine Gesichtszüge als ›markant‹ bezeichnen konnte. Er führte mich in eine Art Konferenzzimmer, die Tischplatte hatte die Form einer Apfelscheibe. Palenberg ließ sich keinerlei Gefühlsregung anmerken, ob ihm mein Besuch lästig war, oder gar unheilvoll. Er behandelte mich mit jener einstudierten Freundlichkeit, mit der er wohl jeden seiner Kunden bediente, die ihm ihr Geld anvertrauen wollten.

»Sie sagten gestern am Telefon, Marzik hätte behauptet, ich habe ihn mit dem Verkauf eines Silberbergs beauftragt. Das ist natürlich Quatsch«, begann er, »wie kam er überhaupt dazu, Ihnen so etwas zu erzählen?«

»Er suchte einen Käufer für dieses Bild. Und er kam zu mir, weil ich Silberberg-Experte bin. Das weiß jeder hier in Köln, der mit Kunst zu tun hat. Marzik mußte sich nur ein bißchen umhören, um die Gewißheit zu haben, ich müßte hier jeden Kunstsammler kennen, der sich für ein solches Bild interessieren würde.«

»So, so, er hat sich also nach einem potentiellen Käufer erkundigt. Sie sollten einen Kontakt zu Sammlerkreisen für Marzik herstellen?«

»Genau.«

»Und das haben Sie auch getan?« fragte er lauernd.

»Dazu kam es nicht. Marzik meldete sich nicht mehr...« Ich verschwieg ihm natürlich, daß ich Marziks Leiche gefunden hatte.

»Und wieso kommen Sie jetzt zu mir?«

Palenbergberg gab sich nun eine Spur distanzierter.

»Marzik mußte das Bild gehabt haben, oder zumindest gewußt haben, wo es sich befand. Jetzt ist er tot, und das Bild bleibt verschwunden. Ich dachte, Sie könnten mir weiterhelfen, das Bild wiederzufinden.«

»Ich? Mein Gott, was hat Ihnen dieser Marzik bloß über mich erzählt? Und wieso wollen Sie dieses Bild auftreiben? Welches Interesse haben Sie persönlich daran?«

»Ich bin Kunstwissenschaftler. Wenn dieses Bild echt ist, dann ist es nicht nur eines der wichtigsten Bilder im Schaffen Silberbergs, sondern eines der wertvollsten Werke der Kunst aus den zwanziger Jahren. Sagen wir, ich bin daran interessiert, ein Kulturgut zu bewahren. Dabei ist es völlig egal, ob es in einem öffentlichen Museum oder in einer Privatsammlung aufbewahrt wird. Aber daß es einfach verschwunden bleibt... Übrigens hat sich auch der Staatliche Kunsthandel der DDR bei mir erkundigt, ob ich was über dieses Bild wüßte. Die wollen das Bild wiederhaben.«

»Der Staatliche Kunsthandel?«

»Ja. Bislang hatte der das Monopol in der DDR. Vielleicht wird sich das durch die Revolution da drüben ändern. Vielleicht entsteht dort auch ein privates Galerienwesen wie bei uns.«

»Das meine ich nicht. Wieso wollen die das Bild wiederhaben?«

»Weil es ihrer Ansicht nach unrechtmäßig in den Westen gelangt sein soll!«

Palenberg schwieg und kaute auf seiner schmalen Unterlippe herum.

»Das kann ich nicht beurteilen«, sagte er dann, »ich bin kein Jurist. Natürlich kenne ich mich im Steuerrecht aus, und im Zivilrecht, sofern es meine berufliche Belange betrifft, aber bezüglich dieses Silberbergs bin ich überfragt.«

»Dann haben Sie nichts damit zu tun? Marzik hat sich alles aus den Fingern gesogen?«

Daß ich in Marziks Hinterlassenschaft diese Aufzeichnungen gefunden hatte, die ein Geständnis darstellten, verschwieg ich lieber. Falls Palenberg Dreck am Stecken gehabt und nicht gezögert hatte, Marzik umzubringen, weil es ihm gefährlich geworden war, konnte ich auch Schwierigkeiten bekommen.

Einen möglichen Mörder so zu reizen, daß er auch mir auf die Pelle rückte, lag nicht in meiner Absicht.

Auf Palenberg irgendeine Art von Druck auszuüben, wäre in jeder Hinsicht verkehrt gewesen. Er hätte mich einfach rausgeschmissen. Palenberg schaute demonstrativ auf seine Armbanduhr.

»Ich muß gleich zu einem Kunden... also, ich wüßte nicht, wo Marzik das Bild versteckt haben könnte. Bei sich zu Hause? Bestimmt nicht. Dort hätte es die Polizei nach seinem Tod sicherlich gefunden, und es hätte etwas darüber in der Zeitung gestanden. Alles was ich Ihnen dazu sagen kann, ist folgendes: ein Kunde von mir wollte dieses Bild aufkaufen. Es war ihm angeboten worden. Mein Kunde ging natürlich davon aus, daß dieser Handel völlig rechtmäßig und korrekt war. Er mußte aber die Kaufsumme auf einmal und in bar aufbringen. Soviel Geld hatte er aber nicht flüssig. Also wandte er sich an mich...«

»Wieso nicht an eine Bank?«

»Kreditverhandlungen mit Banken sind meistens recht langwierig, wenn es um solche Summen geht. Ich bin kein Kreditvermittler, das fällt nicht in meine Sparte, aber ich war in der Lage, ihm das Geschäft vorzufinanzieren. Gegen Provision natürlich. Mein Kunde hätte dieses Bild auch recht bald weiterveräussern können, mit Gewinn.«

»Ihr Kunde ist also ein Kunsthändler?«

»Dazu möchte ich nichts sagen. Berufsgeheimnis. Nun, mein Kunde brauchte jemand, der sich um den Transport kümmerte. Ich empfahl ihm Marzik. Und der staubte das Bild ab und tauchte damit unter. Das ist alles, was ich Ihnen sagen kann.«

»Marzik? Wieso nicht eine Spedition, die auf Kunsttransporte spezialisiert ist. Solch einen Millionenwert schleppt man nicht einfach so durch die Gegend!«

»Mein Kunde hatte seine Gründe. Doch auch darüber weiß ich nichts Näheres.«

»Aber dieses Vorgehen stützt doch die Behauptung des DDR-Kunsthandels, hier sei etwas unrechtmäßig verschoben worden!«

»Was glauben Sie, was in den letzten Wochen alles aus der DDR verschoben wurde! Aber solange das nicht gegen bundesdeutsche Gesetze verstößt... die DDR suchte diesen Schalck-Golodkowski wegen Devisenvergehen, Verstoß gegen das sozialistische Eigentum nennen die das. Der Mann wurde in West-Berlin verhaftet und wieder freigelassen. Der Auslieferungsantrag der DDR-Staatsanwaltschaft wurde abgelehnt. Weil Schalck-Golodkowski sich nach westdeutschem Recht nicht strafbar gemacht hatte.«

»In Wirklichkeit hatte man Angst, der packt aus und erzählt eine Menge über krumme Geschäfte, die er zusammen mit Bonner Politikern gemacht hat. Aber die Jungs vom CIA waren schneller als der Bundesnachrichtendienst. Die Amerikaner haben Schalck-Golodkowski aus dem Verkehr gezogen und an einem sicheren Ort versteckt. Aber wir kommen vom Thema ab... wenn ich Sie richtig verstehe, hatte Marzik

Ihren Kunden und Sie geprellt. Das Geld für das Bild ist futsch, und das Bild auch.«

»Sie drücken es umgangssprachlich aus.«

»Und Sie haben nichts unternommen? Sie hätten Marzik anzeigen können, wenn alles rechtens war, wie Sie erklären!«

»Bitte sehr, junger Mann, soll das ein Verhör sein?« Palenberg fing an, sauer zu werden.

»Haben Sie sich denn, als Marziks Tod publik wurde, bei der Polizei gemeldet und Ihre angeblichen Informationen offenbart?« fragte er mich. Dieser Palenberg war ein verdammt gerissener Hund. Er hatte sofort den wunden Punkt in meiner Geschichte erkannt

»Marzik wollte Sie in eine krumme Geschichte hineinziehen. Sie hätten sofort, als er zu Ihnen kam, zur Polizei gehen sollen, nicht erst nach seinem Tod.« Da hatte er recht.

»Und nun kommen Sie zu mir? Wollen Sie mir etwas anhängen? Wollen Sie mich etwa erpressen?«

In Palenbergs Stimme hatten sich ein paar schrille Nuancen durchgesetzt. Es machte ihm Mühe, seine Erregung zu verbergen, sich eisig zu geben.

»Erpressen? Um Gottes willen nein«, antwortete ich. »Ich dachte nur, Sie seien auch an der Wiederbeschaffung dieses Bild interessiert.«

»Sie meinen, wir sollten uns zusammentun? Wozu? Ich bin an der Wiederbeschaffung des Geldes, das ich investiert habe, interessiert. Aber mein Kunde ist inzwischen verstorben. Und aus der Erbmasse ist nicht allzuviel rauszuholen.«

»Er war pleite?«

Palenberg zuckte stumm mit den Schultern.

»Der Staatliche Kunsthandel hat eine Belohnung für die Wiederbeschaffung ausgesetzt«, meinte ich weiter.

»In Ostmark?« fragte Palenberg sarkastisch.

»Nein, West-Währung. Aber jeder von uns allein ist nicht

in der Lage, Marziks Versteck aufzufinden. Vielleicht kämen wir weiter, wenn wir unser Wissen bzw. unsere Information zusammenwürfeln und uns dann die Belohnung teilen. Damit wären ihre Auslagen wohl nicht gedeckt, aber immerhin...«

»Ich wüßte nicht, was ich dazu beitragen könnte. Ich habe Ihnen alles erzählt.« Palenbergs Stimme klang jetzt wieder etwas versöhnlicher.

»Er war abgetaucht. Ich kann mir vorstellen, daß alle Beteiligten daran interessiert waren, daß Marzik sich ruhig verhielt, nachdem in Berlin ein US-Soldat getötet worden war, bei dem man ein Foto von diesem ominösen Bild gefunden hatte. Man mußte den Deal auf die lange Bank schieben. Aber Marzik wurde ungeduldig, und dann versuchte er auf eigene Faust, das Bild loszuwerden. Könnte es nicht so gewesen sein?«

Als ich den toten Soldaten erwähnte, ruckte Palenberg unwillkürlich zusammen, kaum merklich, aber er konnte die Wirkung dieser Äußerung auf sich nicht verbergen. Seine Bemühungen, sich gelassen zu geben, wirkten ziemlich verkrampft. Ich pokerte nun ziemlich hoch, ging das Risiko ein, Palenberg zu reizen, aber anders kam ich bei diesem unergiebigen Wortgeplänkel nicht weiter.

»Ein toter Soldat? Gehört das auch zu diesem Blödsinn, den Marzik Ihnen erzählt hat?«

»Die Polizei hält es nicht für Blödsinn. Sie ist der Frage nachgegangen, was es mit dem Foto von diesem Bild auf sich hat. Man hat mich als Experten zu Rate gezogen.«

Die Erwähnung von Kommissar Sechlers Ermittlungen hielt ich für taktisch geschickt. Falls Palenberg in Marziks Ermordung verwickelt war, konnte dies eine Rückversicherung für mich sein. Palenberg mußte ja damit rechnen, daß Marzik ein weiteres Exemplar von diesem Foto bei sich gehabt hatte, und er wußte ja nicht, daß ich beim Auffinden der Leiche dieses Foto verschwinden ließ.

»Ach, das ist mir alles zu diffus. Und ich muß unsere Unterredung jetzt wirklich abbrechen. Ich werde darüber nachdenken, ob eine Fortsetzung dieses Gespräches sinnvoll wäre. Lassen Sie mir doch Ihre Rufnummer da...«

Wir standen auf.

»Vielleicht wüßte ich einen Käufer, wenn wir das Bild wieder auftreiben.« Das war mein letzter Köder. Palenberg reagierte nicht darauf.

19.

Sturmböen zerzausten die kahlen Äste der Bäume auf dem Mittelstreifen des Bayenthalgürtels; dicke, dunkle Wolken jagten niedrig über die Stadt. Der Wind war so heftig, daß er mir die Autotür aus der Hand riß, als ich sie zum Aussteigen öffnen wollte. Der Luftstrom blähte meinen Mantel auf, während ich zum Haus des Notars hinüberhastete.

»Herr Dr. Hagenbusch fühlt sich heute nicht ganz wohl«, sagte die strenge Haushälterin spitz, als sie mich einließ. Jeder, der neben ihr stand, mußte das Gefühl haben, in einem Kühlschrank zu sitzen, der nichts enthielt außer einer vergammelten Dose Hundefutter.

Der Notar hatte ein stark gerötetes Gesicht und entzündete Augen. Als ich sein Arbeitszimmer betrat, hatte er gerade einen heftigen Hustenanfall beendet und wischte sich mit einem altmodischen Stofftaschentuch über den Mund. Er trug heute eine bequeme rote Hausjacke und hatte einen hellblauen Schal um den Hals geschlungen.

»Ich denke, ich kann mich auf Ihre Schweigepflicht als Jurist berufen?« begann ich.

»Natürlich, gibt es denn Schwierigkeiten?« Seine Stimme

war nur ein heiseres Krächzen. Hagenbusch hatte tatsächlich eine schwere Erkältung in den Knochen, und diese hätte die Haushälterin wohl gerne als Vorwand genommen, um mich abzuwimmeln. Aber um auf die jüngsten Neuigkeiten in Sachen Silberberg zu verzichten, hätte er schon bewußtlos auf der Intensivstadion liegen müssen.

»Falls wir einen Anwalt brauchen, wäre das kein Problem. Fast alle meine Studienfreunde sind in der Burschenschaft Suribingia. Der Club der Alten Herren kann manchmal ganz nützlich sein«, kicherte er, und dieses Kichern löste nur einen neuen Hustenanfall aus.

Ich erzählte ihm alles, rückhaltlos. Alles, was sich seit unserer letzten Zusammenkunft ereignet hatte. Und ich hatte Marziks Aufzeichnungen aus dem Bankschließfach geholt und gab sie nun dem Notar zur Aufbewahrung. Auch das Notizbuch. Er sah sich die Sachen genau an, griff nach seiner Lesebrille, hörte mir aufmerksam zu, ohne mich zu unterbrechen.

»Daß Sie den Fund der Leiche verschwiegen und obendrein noch Beweismaterial unterschlugen, könnte Sie tatsächlich in Bedrängnis bringen. Ich will Sie nicht kritisieren, ich will auch nicht sagen, daß ich Ihr Vorgehen billigen würde. Wir haben es mit Tatsachen zu tun. Denen müssen wir uns stellen.«

Tatsache ist, daß Palenberg das Geschäft für Euler abgewickelt hat. Bißchen ungewöhnlich, aber es ist so. Er hat es mehr oder weniger zugegeben. Tatsache ist weiterhin, daß er Marzik beschäftigt hat. Er sprach von Botengängen, aber ich denke, Marzik war sein Mann fürs Grobe. Sicherlich hat Palenberg nichts davon gewußt, daß Marzik gleichzeitig als Spitzel bzw. Informant im Geheimdienst-Milieu mitmischte, sonst hätte er nicht ihn, sondern jemand anderen nach Ost-Berlin geschickt. Tatsache ist, daß Marzik tatsächlich im Besitz des Bildes war und es über mich verkaufen wollte, nachdem Euler ausgefallen war und Palenberg beschlossen hatte, die Finger besser davon zu lassen, nach dem Mord in Berlin.«

»Das sind die Tatsachen«, stimmte mir der Notar zu. »Kommen wir nun zu den Vermutungen. Sie vermuten, Palenberg hat Euler umgebracht? Schließlich waren die beiden am Abend vor Eulers Tod zusammen, wie man weiß. Er könnte Euler was in den Whisky gemixt haben, nicht wahr? Und Sie vermuten weiterhin, Palenberg hat auch Marzik umgebracht?«

»Euler zu ermorden, ergäbe für ihn keinen Sinn. Es sei denn, er hätte Gründe dafür gehabt, die mit dem Silberberg nichts zu tun haben. Aber ich denke, wenn tatsächlich er es war, der Euler irgendein Aufputschmittel gab, dann war Eulers Tod ein Versehen. Fahrlässige Tötung, oder wie nennt man das?«

Der Notar nickte.

»Für die Ermordung Marziks hätte er allerdings ein eindeutiges Motiv gehabt«, sagte er. »Unter der Voraussetzung, daß er gemerkt hatte, wie Marzik ihn hinterging. Doch Wut oder Rache allein scheint mir als Motiv nicht ausreichend zu sein. Er mußte zudem Angst bekommen haben, Marzik könnte mit seiner Aktion auffliegen, und damit Palenberg die Polizei auf den Hals hetzen. Vielleicht hat Marzik auch angefangen, ihn zu erpressen. Ihm gedroht, diese Aufzeichnungen... Sie verstehen, was ich sagen will? Vielleicht brachte er Marzik um, damit er diese Aufzeichnung in die Hand bekam. Nur - das hat er nicht geschafft.«

»Palenberg hat sich nicht darum bemüht, das Bild in seine Hände zu bekommen. Für ihn war es besser, wenn es erst einmal verschollen blieb. Er hätte auch kein Interesse, sich an der Suche zu beteiligen, um es der DDR zurückzugeben«, berichtete ich.

»Also blasen wir die Sache ab. Warten wir ab, bis dieses Bild irgendwann per Zufall auftaucht, und hoffen wir, daß die Polizei die Morde an Terry Boyle und Stefan Marzik aufklärt. Marzik kann als mutmaßlicher Mörder Boyles ja nicht mehr zur Rechenschaft gezogen werden. Aber der Mörder Marziks - Palenberg oder sonstwer. Und ich kann nur hoffen, daß Kommissar Sechler nie herausfindet, daß ich damals in der alten Ziegelei war. Ich könnte ja sogar die Verabredung mit ihm dort zugeben, aber gleichzeitig erklären, ich hätte ihn nicht angetroffen. Ich hätte draußen am Zaun gewartet, er sei nicht gekommen.«

»Und was würden Sie als Grund für diese Verabredung nennen?«

»Die Wahrheit. Den Silberberg. Vielleicht hat der Kellner in der Pizzeria irgendwelche Wortfetzen meiner Unterhaltung mit Marzik mitbekommen...«

»Ach, machen Sie sich keine Sorgen. Solange Sie kein Zeuge definitiv dort an der Ziegelei gesehen haben will, kann man Ihnen nichts anhaben. Sie können sich mit Marzik vor seinem Tod hundertmal getroffen haben, na und? Und selbst wenn man Palenberg unter Mordverdacht verhaften sollte, kann der über das Gespräch mit Ihnen erzählen, was er will. Keine Bange.«

Dr. Hagenbusch griff nach einer Wasserkaraffe am Rande seines Schreibtischs und goß sich einen Schluck in ein Glas ein.

»Wir machen weiter«, entschied er.

Ich war verblüfft.

»Weitermachen?«

»Natürlich. Wollen Sie den Verlust dieses großartigen Meisterwerks einfach so hinnehmen? Wenn wir das Bild finden, müssen wir es natürlich zunächst der Öffentlichkeit präsentieren. Wenn man mich fragt, wieso ich darauf gestoßen bin: nun, ich kann alles auf den toten Euler schieben. Das Andenken an seinen Tod wird dann weniger ehrenvoll sein, aber das muß man in Kauf nehmen. Nach Eulers Tod habe ich die Sache weiter verfolgt und Sie hinzugezogen. Wir können ohne weiteres zugeben, daß rein zufällig Marzik sich an Sie gewandt hatte.«

»Das klingt sehr unwahrscheinlich, obwohl es die Wahrheit ist. Paradoxerweise.«

»Das ganze Leben ist ein Paradox«, philosophierte der Notar.

»Sehen Sie, junger Mann, wenn wir das Bild gefunden haben, gilt es zu klären, wer denn nun der rechtmäßige Eigentümer ist. Darüber kann man jahrelang prozessieren. Aber daran werden einige kein Interesse haben, wegen des nachrichtendienstlichen Hintergrundes der Affäre. Wenn man sich also diskret auf einen rechtmäßigen Eigentümer einigen kann, dann wäre es mir möglich, das Bild ebenso rechtmäßig von diesem zu erwerben. Ob das nun der Kunsthandel der DDR, Eulers Erben oder irgendwelche Vorbesitzer sind. Wenn man das Bild nicht veräußern will, habe ich Pech gehabt. Oder ein anderer Kaufinteressent setzt sich mit einem höheren Gebot durch. Das müßte man abwarten.«

»Und Palenberg? Der wird sein Geld wiederhaben wollen!«

»Rein rechtlich müßte er sich an Eulers Erben halten. Das kann er natürlich nicht, wenn das Ganze eine Schwarzgeldgeschichte war.Nach Ihren Ausführungen war Palenberg doch heilfroh, daß er sich bis jetzt aus der Affäre heraushalten konnte, bis Sie bei ihm auftauchten. Vielleicht ist er auch weiterhin froh, daß er nicht behelligt wird. Glauben Sie mir, junger Mann, der schreibt lieber sein Geld ab, als daß er sich die Steuerfahndung oder gar die Mordkommission in den Pelz setzt.«

»Aber wenn Palenbergs Mithilfe bei der Suche nach dem Bild erforderlich sein sollte...«

»Da lasse ich Ihnen freie Hand. Sagen Sie ihm ruhig, daß Euler gehofft hatte, das Bild an mich verkaufen zu können und daß ich unter den Prämissen der Seriosität, Korrektheit und Legalität an dieser Transaktion weiterhin Interesse habe. Diese Aspekte der Angelegenheit wird er weit besser beurteilen können als wir beide zusammen. Ich komme selbstverständlich auch weiterhin für Ihre Bemühungen auf, egal, wie die Sache ausgeht. Tun Sie mir nur den Gefallen, machen Sie nicht wieder solche Dummheiten wie da draußen in dieser Fabrikruine...«

Er griff wieder nach seinem altmodischen Füllfederhalter und seinem Scheckbuch, und zehn Minuten später stapfte ich mit einem weiteren Scheck über 500 Mark in der Tasche in die Sturmböen hinaus.

20.

Ich hatte einen ziemlich bekloppten Traum. Als ich nach Hause kam und meine Bude betrat, fielen Dr. Henner Triebe und Klaus Palenberg über mich her, schlugen mich brutal zusammen und kochten sich dann in meiner Küche erst mal gemütlich einen Tee, bevor sie die Schubladen nach Marziks Klamotten durchwühlten. Ich lag am Boden, in meinem lädierten Kopf dröhnte der Motor einer Schlagbohrmaschine, Blut sickerte aus meinem Körper, schwoll auf dem Boden erst zu einer großen Lache, und dann zu einem Teich an. Ich versuchte den Kopf zu heben, um nicht in dem Blut zu ertrinken, aber Palenberg und Triebe drückten den Kopf wieder nach unten, indem sie ihre schweren Schuhsohlen auf meinen Schädel preßten, in der Hand ihre Teetassen. Ich vernahm nur noch ein Gurgelgeräusch, aber das war Realität, kein Traum. Ich war aufgewacht, und mein Nachbar hatte die Wasserspülung an seinem Klo betätigt. Scheiß-Traum. Ich war völlig durchgeschwitzt, meine Kehle war ausgedörrt. Ein Blick auf den Wecker, kurz nach vier. Im Kühlschrank war noch eine angebrochene Flasche Mineralwasser, gierig kippte ich das Naß in mich hinein, und da ich merkte, daß ich so schnell nicht wieder einschlafen würde, setzte ich mich an den Küchentisch und zündete mir eine Zigarette an.

Die Zeitung von gestern lag noch neben den Resten meines letzten Frühstücks. ›DDR-Ministerpräsident Modrow droht mit Rücktritt - Warnstreiks in Thüringen und Sachsen - Volkskammerwahlwahl vorgezogen‹, lauteten die Schlagzeilen. Die haben bestimmt andere Sorgen, als hinter dem Silberberg herzujagen, dachte ich. Überläufer aus dem Geheimdienst-Milieu hätten berichtet, trotz formaler Auflösung der Staatssicherheit ginge die Spionage weiter. Sie hätten noch vor ganz kurzer Zeit Telefone von Bonner Regierungsstellen angezapft. Bundeskanzler Kohl wolle sich bei Modrow darüber beschweren. Und dann war da auf einer der Innenseiten der Bericht über einen Heimatforscher aus Mecklenburg, der sein ganzes Leben lang für sich privat alte Kupferstiche aus dem 19. Jahrhundert mit Ansichten seiner Geburtsstadt gesammelt hatte, außerdem alte Gaslaternen und solches Zeug. Immerhin kam im Laufe der Jahrzehnte da ein kleines Privatmuseum mit einem beträchtlichen kulturgeschichtlichen und volkskundlichen, wohl auch materiellen Wert zusammen. Eines Tages räumten ihm die Stasi-Leute die Bude aus, sie hängten ihm ein Verfahren wegen Steuerhinterziehung an, warfen ihn ins Gefängnis und verscherbelten seine Klamotten in den Westen. Später, als man den Mann in die Bundesrepublik abgeschoben hatte, entdeckte er seine Habe in renommierten Hamburger Antiquitätenläden und Auktionshäusern wieder. Mir schien es unmöglich, an dem Silberberg rechtmäßiges Eigentum erwerben zu können, wie es der ehrenwerte Notar Dr. Erich Hagenbusch vorgab. Als ich diesen Artikel, den ich bei der ersten Lektüre während des Frühstücks nur überflogen hatte, jetzt in der Nacht noch einmal gründlich las, kamen mir erhebliche Zweifel an Hagenbuschs Argumentation und an seiner Haltung. Hatte er versucht, mich einzulullen mit der Hoffnung, als juristischer Laie würde ich seiner Ansicht Glauben schenken? Spekulierte er vielleicht darauf, daß die Geschichte dieses Bildes bis in die Nazi-Zeit gar nicht mehr zurückverfolgt werden könnte und er sich somit eine Beweislücke zunutze machen konnte, um sich den Schinken unter den Nagel zu reißen? Denn möglicherweise war auch dieses DDR-Ministerium, in dessen Räumen Professor Hübner das Bild damals gesehen hatte, gar nicht der rechtmäßige Eigentümer. Vielleicht gab es solch einen letztlich überhaupt nicht mehr? Wenn auch dieses DDR-Ministerium, in dessen Räumen Professor Hübner das Bild damals gesehen hatte, gar nicht der rechtmäßige Eigentümer war, wenn es letztlich einen solchen gar nicht gab?

Marziks Kontaktmann in Ost-Berlin, dieser CDU-Funktionär, hatte Geld für das Bild bekommen, das Palenberg aufgetrieben hatte. Vielleicht hatten Sie in den Wirren der Revolution da drüben dem Burschen das Geld wieder abgenommen. Warum hielt dieser Dr. Triebe sich nicht an die Palenberg-Kohle? Finanziell war für die DDR kein Verlust entstanden, Marzik hatte das Bild ja nicht geklaut, und wer immer da drüben der Geschädigte war, konnte mit den Scheinen, die Palenberg abgedrückt hatte, zufriedengestellt werden. Rein praktisch betrachtet. Weder Palenberg noch Hagenbusch würden bei einer richtigen, ordentlichen Untersuchung oder einem Verfahren zu Potte kommen, das war mir klar. Hagenbusch spekulierte auf eine einvernehmliche Regelung hinter zugezogenen Vorhängen, das hatte er ja auch zugegeben. Und er versuchte, Palenberg aus der kommenden Phase des Geschäfts rauszuhalten.

Die Mineralwasserflasche war leer, auf Alkohol hatte ich jetzt keinen Nerv, und so setzte ich mir einen Kaffee auf. Bloß keinen Tee, wie in diesem saublöden Traum. Der Nachbar ging schon wieder aufs Klo, und unten polterte einer durchs Treppenhaus. Wahrscheinlich der Blumenhändler aus dem Erdgeschoß, der jetzt zum Großmarkt fuhr. Unzählige Poeten und Schlagersänger haben sich darüber hergemacht, wie die Stadt frühmorgens zum Leben erwacht. Wenn das erste Rumpeln der U-Bahn die Häuserwände in der Umgebung erzittern läßt und mürrische Zeitungsboten durch den Frühnebel schlurfen, flankiert von säuerlich riechenden Trunkenbolden aus den Nachtkneipen. Nur am Sonntagmorgen sah die Dämmerungs-Poesie ein bißchen anders aus, wenn die werktätige Bevölkerung auspennte. Der erste Schluck Kaffee brannte höllisch in der Speiseröhre.

Wenn nun Kommissar Sechler Hagenbusch auf die Pelle rückte, die harte Tour durchzog und den Notar drankriegen wollte, er hätte mich zu diesen Vertuschungen in Sachen Marziks Ermordung angestiftet: würde der Notar mich nicht hängen lassen? Die zwei Schecks, die ich vom ihm kassiert hatte, sagten nichts über die Grenzen seiner Generosität oder gar Solidarität aus. Naja, bis jetzt wußte der Kommissar ja noch nichts über Hagenbuschs Aktivitäten in Sachen Silberberg. Aber ich konnte einen ganz entscheidenden Fehler machen, indem ich Palenberg erzählte, daß der Notar der Kaufinteressent war, den der Galerist Euler an der Hand hatte, und daß Hagenbusch immer noch an dem Silberberg interessiert war.

Wenn die Bullen und die Geheimdienste sich nicht gegenseitig so behindern würden, hätten sie längst herausgefunden, daß es eine Verbindung zwischen den Mordfällen Boyle und Marzik gab. Daß beide Fälle noch nicht aufgeklärt waren, konnte nur bedeuten, daß da an höherer Stelle was zurückgehalten wurde. Aber Kommissar Sechler würde auch so seine Indizien zusammenkriegen. Wenn er Marziks Umfeld durchleuchtete, mußte er zwangsläufig auf Palenberg stoßen. Und den hatte er ja schon anläßlich Eulers Tod unter die Lupe genommen. Und wenn er dann auch noch herausfand, daß Marzik und Boyle sich kannten... Wie lange würde er brauchen, Palenberg weichzuklopfen, damit der mit einer Generalbeichte anfing? Ich versuchte mich in Palenbergs Lage hineinzuversetzen. Es wäre doch für ihn naheliegend, dem Kommissar zu erzählen, er hätte Euler einen Kredit eingeräumt für eine Kunsttransaktion, die er für absolut seriös hielt. Für Marziks Rolle dabei ließ sich schon eine glaubwürdige Ausrede finden. Aber dann hätte Marzik sich nach Eulers Tod das Bild unter den Nagel gerissen und mit mir als Partner ein krummes Ding abziehen wollen. Wir hätten ihn gezwungen oder gar erpreßt, ihm zu helfen, den Kontakt zu dem Sammler Hagenbusch herzustellen. Weil das taktisch besser gewesen wäre, als wenn Marzik und ich direkt bei dem Notar aufgelaufen wären. Palenberg als Eulers Finanzberater hatte natürlich die besseren Referenzen. Der Notar würde selbstverständlich nie zugeben , mich beauftragt zu haben, das Bild zu beschaffen. Er würde sich auf die Version versteifen, man hätte versucht, ihm Hehlerware anzudrehen. Und für die Belege über die beiden Schecks hätte er schon eine gute Ausrede.

Sicherlich waren diese Gedanken recht kompliziert und vielleicht auch ziemlich abwegig. Nachwirkungen dieses blöden Traumes vielleicht. Doch wenn es hart auf hart kam, könnten Palenberg und Hagenbusch versuchen, mir den Schwarzen Peter zuzuschieben. Einen Mord würde man mir zwar nicht anhängen können, aber trotzdem würde ich dann doch ganz schön tief in der Scheiße stecken. Ich beschloß, Hagenbusch nicht mehr zu trauen.

Mich aus der Sache nun doch völlig zurückzuziehen, erschien mir unmöglich. Dazu steckte ich schon zu tief drin. Irgendwann würde der Kommissar so oder so bei Palenberg, Hagenbusch und mir aufmarschieren. Außerdem war ich ja wirklich scharf darauf, das Bild zu finden. Wo konnte Marzik es versteckt haben? In seiner Bude nicht. Bei einem Freund? Die alte Ziegelei? Na klar, dort mußte es sein! Nur deswegen hatte er mir diesen Treff außerhalb Kölns vorgeschlagen. Darauf hätte ich früher kommen müssen. Komisch nur, daß die Spurensicherung das Bild nicht gefunden hatte, als sie nach der Entdeckung von Marziks Leiche das Gelände durchkämmt hatten.

Draußen war es inzwischen fast taghell. Ich wollte keine Minute Zeit mehr verlieren, zog mich an, hastete hinunter und schwang mich ins Auto. Den Verbrecher zieht es immer an den Tatort zurück, fiel mir ein, als ich den Wagen aus der Parklücke lenkte. Quatsch. Erstens bist du kein Verbrecher. Und zweitens kriegen die Studenten am Lehrstuhl für Kriminologie und Kriminalistik schon in der allerersten Vorlesung eingebleut, daß diese These das Dümmste ist, was sich ein Psychologe je ausgedacht hat. Hinter mir scherte noch ein Wagen auf die Fahrbahn aus. Ich nahm das nur flüchtig im Rückspiegel wahr und achtete nicht weiter darauf.

Dieselbe Strecke wie beim ersten Mal. Ehrenfeldgürtel, an der tristen Reihenhaussiedlung für die belgischen Militärs vorbei, Parkgürtel, wo sie die Linie 13 auf eine Hochbahntrasse verlegt haben, dann auf die Autobahn Richtung Neuss bis zur Abfahrt Worringen. Was für ein Risiko ging ich ein, noch einmal zu der alten Ziegelei zu fahren? Gar keins. Nur Mut, Junge. Ne Menge Laster unterwegs heute. Die meisten mit holländischem Kennzeichen. Fahren wie die Säue, der Anhänger schlingert im Fahrtwind fast auf die Überholspur. Ein milchiger Dunst hing in der Luft. Zerstäubte Flocken eines Trockenpulvernebels. Der Umwelt zuliebe gestiftet aus landwirtschaftlichen und industriellen Überschüssen der Europäischen Gemeinschaft. Frühschichtmief zu Ehren von Hans-Dietrich Genscher. Was gut ist für Europa, ist gut für den Rest der Welt. Für den Verkehrspolizisten an einer belebten Straßenkreuzung im Smog von Mexico Districtio Federal. Im Schulatlas heißt das Mexico City. Im Autoradio erzählte irgendwo ein Öko-Freak in holprigen Sätzen, wieso ein Modellprojekt der Evangelischen Kirche zur Einführung biodynamischer Landwirtschaft in einem Dürregebiet in Nordindien gescheitert ist. Die armen Pfaffen. Keine vernünftige Ernte, dann muß zwangsläufig auch die Mission ein Flop sein. Wer gegen Waffenlieferungen an die reaktionären Kräfte in der Dritten Welt protestiert, übersieht oft, daß genau diese Proteste von den Waffenlieferanten gewollt sind. Denn sie lenken von der Tatsache ab, daß die eigentliche Strategie des Imperialismus die des Aushungerns ist. Als der Öko-Freak mit seinen hastigen Bekundungen zu Ende war, glaubten sie, die Radiosendung mit Herbert Grönemeyer abrunden zu müssen, dessen Stimme ahnen läßt, daß sie sich in dreißig Jahren so anhören wird wie das Eunuchen-Falsett von Erich Honecker. Ich suchte einen anderen Sender, fand aber nur Disco-Scheiß und eine Frühandacht, einen Humoristen auf unterstem Kegelbrunderniveau, Werbegeschrei zugunsten irgendwelcher Möbelmärkte und schaltete schließlich ab.

Ich spürte die halb durchwachte Nacht in den Knochen und fühlte mich ziemlich träge. Diesmal stellte ich den Wagen schon auf dem nächsten Parkplatz für Wanderer hinter dem Kloster Knechtsteden ab, ziemlich weit von der Ziegelei entfernt. Die frische Morgenluft tat mir gut, sie war hier draußen auf dem Land klar wie eine Flasche Korn, obwohl die Ölraffinerien im Kölner Norden nicht sehr weit entfernt waren. Die Kälte stach mir mit feinen Nadelspitzen in die Ohren, aber ich ging mit schnellen Schritten los, und nach ein paar hundert Metern war mir richtig warm. Ungefähr eine Viertelstunde ging ich die Landstraße entlang, bog dann in den Wald ab. Ein schnaufender Jogger stampfte an mir vorüber, und kurze Zeit später hörte ich Schüsse aus einem Jagdgewehr, ansonsten war ich völlig allein. Nach einem halben Kilometer hielt ich mich nach links, der Waldweg bestand aus einer Aneinanderreihung schlammiger Pfützen, und um mir keine nassen Füße zu holen, bahnte ich mir den Weg durch das dürre, braune Farngestrüpp neben diesem Pfad, blieb ein paar Mal mit dem Stoff meiner Hose an den Ranken trockenen Gesträuchs hängen. Als ich dann offenes Feld erreichte, konnte ich die Fabrikruine sehen. Der kalte Schlot reckte sich nutzlos in den grauen Himmel, und in dem Haus, das in der Nachbarschaft der alten Ziegelei an der Landstraße lag, brannte Licht. Bestimmt hatte die Polizei die Bewohner dieses Hauses befragt, aber ich hatte ja beim ersten Besuch der alten Ruine darauf geachtet, daß man mich vom Haus aus nicht sah, und das tat ich auch jetzt.

Das Loch im Zaun, durch das ich neulich aufs Gelände gelangt war, hatte man geflickt, indem man von innen einen zweiten Maschendraht zwischen die Pfosten gespannt hatte. Ich stand mit einem ziemlich beklemmenden Gefühl da, mein Magen krampfte sich zusammen, und einen Moment lang überlegte ich, ob ich umkehren sollte. Es war keine Angst, die mich zurückhielt, eher so eine Art Alarmsignal, das ich im Körper spürte. Doch dann raffte ich mich auf, kletterte hinter der Fabrik eine kleine Böschung hoch, zwängte mich durch Brombeergestrüpp und kahles Klettengewächs, tastete mich dann eine bröckelige Begrenzungsmauer entlang, bis ich eine Stelle fand, an der sich die Steine gelockert hatten und zum Teil aus der Mauer herausgebrochen waren, sodaß ich mit den Händen und Füßen Halt finden konnten, um hinüberzuklettern.

Auf der anderen Seite der Mauer war an dieser Stelle ein Haufen Bauschutt, den ich zum Abstieg benutze. Ich klopfte mir den Staub aus den Klamotten und sah mich um. Wo konnte Marzik das Bild versteckt haben? Wo war die Stelle, die noch nicht einmal den polizeilichen Spurensicherungsspezialisten aufgefallen war, und die das Bild auch vor Feuchtigkeit und Ungeziefer schützte? Die Halle und die Baracken mit den abgedeckten Dächern schieden aus. Vorsichtig und ziemlich kribbelig tastete ich mich an den früheren Waschraum heran, wo ich Marziks Leiche gefunden hatte. Nichts, aber auch gar nichts mehr deutete dort auf den Mord hin, selbst von der Blutlache war nichts mehr zu sehen. Auch die Lumpen, die hier damals herumgelegen hatten, waren fortgeräumt worden. Vielleicht hatte man sie zur Laboruntersuchung mitgenommen. In einer dunklen Nische lag eine kaputte Toilettenschüssel. Im Raum nebenan die zerbeulten blechernen Kleiderspinde. Einer stand mitten im Raum, die anderen an die Wand gerückt. Richtig akkurat. Zu akkurat. Und das brachte mich auf eine Idee.

Ich hatte Handschuhe an, mußte nicht auf Fingerabdrücke achten. Acht Spinde, jeweils vier hingen an einem Stück zusammen. Ich packte das linke Spindteil an den Seitenkanten an, es war kinderleicht, diese Boxen vorzurücken. Und als ich dann in den so entstandenen Raum zwischen den Rückenwänden der Spinde und dem Gemäuer blickte, da stockte mir der Atem. Ich zuckte zurück, riß Augen und Mund weit auf. Ja, da war es. Das Bild. In dickes braunes Packpapier eingehüllt, und dann noch in dicke, durchsichtige Noppenfolie gepackt, auf der sich ein bißchen Staub gelegt hatte. Die Verpackung wurde von breiten braunen Klebestreifen zusammengehalten. Das war der Silberberg, was denn sonst? Vorsichtig versuchte ich, das Bild hervorzuziehen, als ich plötzlich zusammenfuhr. Denn eine rauhe kehlige Stimme hinter mir sagte:

»Was machen Sie denn hier? Nehmen Sie die Hände hoch!«

Ich ließ das Bild los, hielt die Hände vom Körper weg, mit gespreizten Fingern, in Schulterhöhe. Langsam drehte ich mich um. Der Mann, der da vor mir stand, hielt einen Revolver in der Hand. Kein Zweifel, das war eine richtige Knarre, keine Attrappe oder ein simpler Reizgasrevolver, wie ich ihn besaß. Ein recht kräftiger Bursche mittleren Alters, mit einem Gesicht, als ob der Bildhauer Rodin darin herumgemeißelt hätte. Ein Blick wie Hans Albers in jungen Jahren, die Glatze von einem blonden Lockenkranz umsäumt. Er trug eine blaue Uniform, mit einem Stadt Köln-Wappen auf dem Ärmel. Daran sah ich sofort, daß er kein Bediensteter einer Wachgesellschaft war und keineswegs im Auftrag des Besitzers dieses Geländes hier war. Wir waren gut 20 km außerhalb von Köln, hier hatte ein städtischer Uniformierter nichts zu suchen. Kontrolleure in der U-Bahn trugen genau solche Uniformen. Und würde ein Objektschützer sofort einen Revolver ziehen? Irgendwas stimmte mit diesem Burschen nicht.

»Darf ich fragen, wer Sie sind?« fragte ich ruhig. »Es wäre mir lieber, wenn Sie den Revolver einstecken würden.« Ich war über mich selbst erstaunt, wie cool ich in dieser Situation reagierte.

»Ich bin aus dem gleichen Grund hier wie Sie«, sagte er. »Machen Sie mir nichts vor. Sie brauchen sich keine Ausrede auszudenken, weshalb Sie hier herumschnüffeln. Ich weiß

Bescheid.« Bluffte der Bursche nur? Oder war ich tatsächlich in eine Falle geraten?

»Sie werden jetzt ganz genau das tun, was ich Ihnen sagen. Ich habe eine Waffe, und Sie nicht. Und bei der geringsten falschen Bewegung werde ich sie auch benutzen. Hier draußen fällt das nicht auf, jeder würde den Schuß für die Schrotflinte eines Jägers halten.«

Seine Stimme hatte einen rauhen thüringischen Akzent.

»Drehen Sie sich um. Beine breit auseinander und dann stützen Sie sich mit den Händen an der Wand ab. Wie im Fernseh-Krimi!« Mit schnellen, geübten Griffen tastete er mich ab und fand nichts. Meine Gasknarre hatte ich diesmal zu Hause gelassen.

»Und jetzt nehmen Sie das Bild in beide Hände und gehen voraus. Ich sage Ihnen, wohin. Eine falsche Bewegung, und Ihnen passiert das gleiche wie Stefan Marzik.«

Das trieb mir nun doch den Schweiß auf die Stirn. Ein eiskalter, unberechenbarer Killer.

»Sie haben Marzik hier umgebracht!« krächzte ich.

»Ja, ich war ihm damals gefolgt. Hierher, in diese Ruine. Ich wollte wissen, was er vorhatte. Denn ich wußte genau, daß er irgendwas plante. Bezüglich dieses Bildes. Aber ich habe nicht zugelassen, daß er mir Schwierigkeiten macht. Ich erzähle Ihnen das nicht, weil ich besonders geständnisfreudig bin. Sondern nur, um Ihnen klar zu machen, daß ich ohne zu zögern schießen werde, wenn Sie nicht mitspielen. Und jetzt - genug geredet. Nehmen Sie das Bild!«

Er dirigierte mich über den Fabrikhof. Weder von dem Nachbarhaus noch von der Straße aus konnte uns jemand sehen. Ich trug das Bild vor mir her. Sollte ich mich blitzschnell umdrehen und versuchen, ihm das Bild um die Ohren zu hauen?

Mein Leben war mir mehr wert als dieses Bild, und wenn

ich eine Chance gesehen hätte, diesem Typ zu entkommen, hätte ich auch eine Beschädigung oder Zerstörung dieses Bildes in Kauf genommen. Aber ich bin völlig unsportlich, ich wäre mit einer Attacke viel zu langsam gewesen, der Bursche hätte mich umgenietet, bevor ich irgendwo in diesen Ruinen in Deckung hätte gehen können. Aber wenn er mir schon den Mord an Marzik gestanden hatte - würde er mich nicht auch umbringen? Meine Coolness von eben war wie weggeblasen, ich hatte Herzrasen und merkte, wie ich zitterte, als ich das Bild trug, mit ausgebreiteten Armen. Kein allzu großes Bild, aber doch ziemlich sperrig. Ein kleiner Trampelpfad mit Tonschotter führte zwischen Unkrautgestrüpp und Mauerstümpfen hindurch zu einem rostigen Tor. Der Typ hatte das Schloß geknackt und die Torflügel aufgemacht, und mitten in dieser Einfahrt stand ein Kombi-PKW.

»Ich bin heute morgen hinter Ihnen hergefahren. Fast hätte ich Sie verpaßt, denn ich hätte nicht damit gerechnet, daß Sie früh aufstehen. Hab gerade erst knapp zehn Minuten vorher den Posten vor Ihrem Haus bezogen.«

Jetzt fiel mir ein, daß tatsächlich bei der Abfahrt ein weiterer Wagen aus dem Parkstreifen ausgeschert war.

»Sobald wir auf der Autobahn waren, konnte ich mir denken, wo Sie hinwollten. Ich hab Sie überholt und kam schon vor Ihnen hier an. Wenn Sie das Bild nicht entdeckt hätten, dann hätte ich Sie auch in Ruhe gelassen«, sagte er.

»Und jetzt?«

»Warten Sie's ab. Jetzt stellen Sie das Bild ab. Dann schließen Sie die Hinterklappe auf und schieben das Bild hinein. Ich kenne seine Maße. Es paßt ganz genau hinein, aber es hätte keinen einzigen Zentimeter breiter sein dürfen. Die Rücksitze sind zurückgeklappt, schieben Sie das Bild vorsichtig durch. Dann machen Sie die Klappe zu...«

Er hielt die ganze Zeit die Knarre auf mich gerichtet. Ich

mußte dann die Beifahrertür aufschließen, dort einsteigen und auf den Fahrersitz rüberrutschen.

»Legen Sie den Sicherheitsgurt an und dann die Hände aufs Lenkrad.«

Keine Chance, blitzschnell die Fahrertür zu öffnen und mich hinausfallen zu lassen. Nachdem er auch eingestiegen war, bohrte er mir den Lauf des Revolvers in die Rippen, gab mir den Zündschlüssel.

»Sie werden fahren. Nach Köln zurück. Und zwar denselben Weg, den Sie gekommen sind. Machen Sie keine Zicken. Halten Sie sich streng an die Verkehrsregeln, versuchen Sie bloß nicht, durch Ihre Fahrweise Aufmerksamkeit auf uns zu lenken. Auf der Autobahn bleiben Sie auf der rechten Spur und fahren höchsten 70, 80. Ich geh aufs Ganze, wenn Sie Scheiße bauen.«

Der Wagen rumpelte über den Trampelpfad zur Landstraße.

»Was haben Sie vor?« fragte ich mit belegter Stimme.

»Dasselbe wie Marzik. Das Bild verkaufen. Wenn Sie brav sind, kriegen Sie was davon ab. Ich werde Sie als Geisel behalten, bis das Geschäft abgewickelt ist. Dann haue ich ab, und sobald ich in Sicherheit bin, lasse ich Sie frei. Von mir aus können Sie dann zur Polizei rennen. Aber selbst eine Großfahndung von Interpol wird nichts bringen.«

»Wieso haben Sie mich beschattet?«

»Sie haben ja wohl schon erraten, daß ich beim Stasi war. Vielleicht hat Marzik es Ihnen auch erzählt. Fürbeck ist mein Name. Hat Marzik diesen Namen nie erwähnt?«

»Nein.« Das stimmte sogar. Aufgrund von Marziks Aufzeichnungen konnte ich mir denken, welche Rolle Fürbeck in dem Drama spielte. Aber in meiner jetzigen Lage war es das beste, Fürbeck im Glauben zu lassen, daß ich nicht allzuviel über die Hintergründe wußte.

»Als sie Mielke eingebuchtet und unseren Verein aufgelöst haben, bin ich in den Westen rüber. Wir sind natürlich nicht alle arbeitslos geworden, aber ich hatte meine Gründe, mich abzusetzen. Fand hier einen Job bei der KVB. Im Moment hab ich dienstfrei. Tja, und dann lief ich Triebe in die Arme. Rein zufällig. Triebe und ich haben uns hier in Köln gegenseitig hinterherspioniert. War irgendwie witzig. Ich sah, daß Triebe zu Ihnen kam, und als Sie sich dann mit Marzik trafen, dachte ich mir, holla, da ist was im Busch...«

»Sie haben die ganze Zeit Triebe, Marzik und mich gleichzeitig überwacht?«

»Nein, das hätte einer allein nicht geschafft. Ich war zunächst nur hinter Triebe her. Und dann hinter Ihnen. Ich dachte, wenn ich ein paar Tage hinter Ihnen herlaufe, kriege ich einiges über Ihre Lebensumstände mit. Ich mußte einfach wissen, mit wem Triebe sich da eingelassen hatte. Ich wartete draußen vor diesem italienischen Restaurant, und siehe da, plötzlich tauchte Marzik auf. Als der dann zu der Fabrik fuhr, ließ ich ihn nicht aus den Augen. Ich konnte es mir nicht leisten, daß Triebe und Marzik mir Schwierigkeiten machten. Auf dem Fabrikgelände wollte ich mich Marzik nicht zeigen, aber er entdeckte mich. Ich versuchte mit ihm zu reden... zwecklos... und dann blieb mir keine andere Wahl. Tja, so war das. Ich ließ das Bild in seinem Versteck und wartete ab. Dann kamen Sie und entdeckten die Leiche...«

»Wieso rechneten Sie damit, daß Marzik dort eine Verabredung hatte? Er hätte ja auch nur das Bild abholen und woanders hinschaffen wollen.«

»Dann hätte er es sofort aus dem Versteck geholt und wäre unverzüglich abgehauen. Aber er lungerte dort herum. Holte schließlich das Bild hinter den Spinden hervor, stellte es wieder zurück. Das ergab nur Sinn, wenn er dort auf jemanden wartete. Triebe, oder Sie, oder jemand anderes. Ehrlich gesagt, ich hab damit gerechnet, daß Sie sofort zum Nachbarhaus laufen und die Polizei alarmieren würden... naja, irgendwie haben Sie auch ein bißchen Dreck am Stekken, anscheinend. Ich hab gesehen, daß Sie Marziks Leiche dieses Foto abgenommen haben... und als tagelang nichts in den Zeitungen stand... da bin ich nochmal hin und hab Marziks Auto weggeschafft. Mir konnte es ja nur recht sein, wenn seine Leiche nicht entdeckt wurde... Sie haben mir geholfen, Kumpel. Und das ist der Grund, weshalb ich Sie eben nicht gleich umgelegt habe. Nicht aus Dankbarkeit. Sondern weil ich glaube, daß Sie vernünftig sind. Es wäre besser, wenn Sie nicht zur Polizei gingen, sobald ich Sie freilasse. Sie müßten denen, um sich selbst zu schützen, zuviel ungereimtes Zeug auftischen, und die würden sehr schnell merken, daß Sie ein etwas fauler Kunde sind... so, jetzt werden wir an der nächsten Telefonzelle anhalten. Sie werden mir jetzt den Namen und die Telefonnummer von demjenigen sagen, der das Bild kaufen will. Ich werde anhand des Telefonbuchs überprüfen, daß Sie mich nicht bescheißen. Dann werden Sie anrufen und genau den Text aufsagen, den ich Ihnen jetzt vorbete. Kein Wort mehr und kein Wort weniger. Mit einer ganz normalen Stimme...«

21.

Hagenbusch war natürlich völlig elektrisiert, als ich ihm offenbarte, ich hätte den Silberberg aufgetrieben. Aber er machte Fürbecks Plan einen dicken Strich durch die Rechnung, indem er sich schlichtweg weigerte, auf dessen Übergabebedingungen einzugehen. Hagenbusch lehnte es rundweg ab, zu seiner Bank zu latschen, dort 200 000 Mark locker zu machen und damit ins Hyatt-Hotel zu kommen, wo Fürbeck eine Suite anmieten wollte. Ich sollte dort dem Notar das Bild gegen die Kohle übergeben, während Fürbeck mit gezogener Knarre im Nebenraum wartete und mich in Schach hielt.

»Was bildet sich der Anbieter überhaupt ein!« quakte Hagenbusch durchs Telefon, »meinen Sie, das wäre so einfach, bei der Bank anzurufen, die sollen mir 200 000 Mark in bar bereitlegen? Man wird Fragen in der Bank stellen. Ich müßte meinen Wertpapierfonds angreifen, das dauert seine Zeit. Hat der Anbieter denn ein Echtheitszertifikat? Ich werde selbstverständlich der Frage nach der Echtheit nachgehen und nicht die Katze im Sack kaufen. Für eine Fälschung gebe ich keine 200 000 Mark aus!«

Fürbeck und ich standen eng aneinandergedrängt in einer Telefonzelle am Takuplatz. Hagenbuschs Stimme dröhnte laut genug durch den Hörer, sodaß Fürbeck das meiste vom Gespräch mitbekam. Seine Knarre hatte er in seine Uniformjacke gesteckt, der Lauf war auf meinem Unterleib gerichtet.

»Außerdem lege ich Wert darauf, den Anbieter persönlich kennenzulernen! Sagen Sie ihm das!« bellte Hagenbusch. Der alte Knochen zog eine knallharte Nummer ab.

Fürbeck schüttelte den Kopf.

»Ich werde mit ihm reden«, sagte ich ausweichend, »vielleicht ändert er seine Vorschläge.«

»Dann reden Sie mit ihm auch über den Preis! 200 000 Mark, unter diesen Umständen...«

»Gut, ich rufe nochmal an.«

Fürbeck drückte die Gabel runter und schob mich aus der Zelle.

»Der versucht zu handeln, was? Der glaubt wohl, er sei der einzige Kunde. Sie werden jetzt Ihren Kopf anstrengen, ob Sie nicht noch einen weiteren Silberberg-Sammler hier in der Gegend kennen«, meinte Fürbeck, als wir zum Auto zurückgingen.

»Sind Sie verrückt« Was soll ich dem denn für eine Geschichte auftischen? Hagenbusch ist der einzige Sammler, der den dubiosen Hintergrund dieses Bildes kennt, durch den Galeristen Euler, und der diesen Hintergrund auch so akzeptiert und keine überflüssigen Fragen stellt.«

»Euler? Der hat wohl gequatscht, wie? Oder dieser Palenberg. Aber das ist jetzt auch egal.«

»Sie können die Knarre wegstecken«, sagte ich zu ihm, »ich werde nicht versuchen abzuhauen. Ich werde auch kein lautes Geschrei anfangen, um irgendwen auf uns aufmerksam zu machen. Ich hab mich auf dieses Ding nun mal eingelassen, und ich werde es jetzt auch bis zum Ende durchziehen.«

Fürbeck schaute mich argwöhnisch an.

»Ohne mich haben Sie keine Chance, das Bild loszuwerden. Oder wollen Sie es an Triebe zurückgeben und sich mit einer kleinen bescheidenen Belohnung zufrieden geben?«

»Sind Sie bekloppt?«

»Hören Sie, ich mache Ihnen einen Vorschlag. Ich helfe Ihnen, den Schinken an diesen Hagenbusch zu verticken. 200 000 Mark müssen Sie sich wohl abschminken. Aber wir werden schon ein hübsches Sümmchen aus ihm rausleiern.«

»Steigen Sie ein!« Er schloß die Fahrertür auf, wartete bis ich im Auto saß, und stieg dann hinten ein. Eine Weile saßen wir schweigend da.

»Wieviel wollen Sie?« fragte er schließlich.

»Zehn Prozent.«

»Na schön. Aber wenn Sie versuchen, Ihr eigenes Spielchen abzuziehen, puste ich Ihnen das Gehirn weg. Was meinen Sie, wieviel Geld der bis morgen mittag auftreiben kann? Innerhalb der nächsten vierundzwanzig Stunden muß das über die Bühne gehen. Und ichwerde Sie in dieser Zeit nicht aus den Augen lassen.«

Mir war nicht ganz wohl in meiner Haut. In Wirklichkeit war ich auf die geforderten zehn Prozent Beteiligung gar nicht so scharf, ich wollte auch nicht Hagenbusch hintergehen, aber in dieser Situation, wo Fürbeck bis jetzt permanent sein Schießeisen auf mich gerichtet hielt, war es wohl die beste Taktik, sich ihm als Komplizen anzudienen. Daß er so bereitwillig darauf eingegangen war, konnte nur bedeuten, mich aus dem Geschäft ausbooten zu wollen, sobald die Zeit dazu reif war. Ungefährlicher war meine Lage durch den Pakt mit Fürbeck nicht geworden, aber im Augenblick konnte ich mich etwas entspannter fühlen.

Wir riefen noch einmal bei dem Notar an, einigten uns auf 150.000 Mark und auf einen Termin morgen zwölf Uhr mittags in seiner Kanzlei.

Den Rest des Tages verbrachten wir in Fürbecks Wohnung. Ein möbliertes Ein-Zimmer-Appartment am Griechenmarkt. Eine muffige Junggesellenpension mit Bettcouch, verblichener Streifenmustertapete, einem häßlichen Schrank aus Kunststoff mit mißglückter Furnierholzimitation auf der Außenseite. Ein niedriger, langgestreckter Wohnzimmertisch aus dem gleichen Material, zwei zerschlissene Sessel. Kein einziges Bild an der Wand, nur ein paar Poster aus einem Porno-Heft, nichts Persönliches sonst. Die Bude war akkurat aufgeräumt, das lag wahrscheinlich an der eisernen Disziplin, die man Fürbeck in seiner Stasi-Zeit eingebleut hatte.

Er zog die Uniformjacke aus, behielt die Waffe aber in einem Schulterhalfter griffbereit am Körper. Zuerst rief er bei der KVB an, er sei krank und könne heute nicht zum Schichtdienst kommen, dann bestellte er bei einem Pizza-Taxi-Service was zu essen und ein paar Pullen Bier.

Fürbeck ließ das Fernsehen laufen, schaltete dauernd zwischen den Programmen hin und her. Die Gegend, wo er wohnte, war schon verkabelt, er hatte die Auswahl zwischen einem Dutzend Kanälen, entschied sich für einen Privatsender mit einer blöden amerikanischen Komödie, dann für eine Quizsendung mit Teenagern.

»DDR-Fernsehen kriegt man hier nicht rein, schade«, meinte er. Wir aßen schweigend, starrten auf die Glotze. Zogen uns dann noch zwei, drei Flaschen Bier rein, schwiegen weiter. Es gab nichts zu erzählen. Als ich ihn fragte, was er nach dem Deal mit Hagenbusch machen wollte, wohin er wollte, antwortete er nicht. Fürbeck hatte die Vorhänge zugezogen, und nach ein paar Stunden hatte die Atmosphäre in diesem Zimmer, das von einer häßlichen Wohnzimmerlampe aus imitiertem Kristallglas in trübes Licht getaucht wurde, etwas Unwirkliches. Wir saßen da und brüteten vor uns hin, irgendeine Art von persönlichem Kontakt, irgendeine Art von Kommunikation kam nicht zustande. Fürbeck hatte eine gleichgültige, verschlossene Miene, bisweilen hatte ich das Gefühl, er taxierte mich. Alles war völlig verkrampft hier zwischen uns. Gegen Abend orderte er noch eine Ladung Pizza und noch mehr Bier, und bis zur Tagesschau um acht war ich schon reichlich besoffen. Fürbeck trank langsam, er hatte auch schon sechs oder sieben Flaschen intus, aber ihm war nichts anzumerken. Ich fühlte mich matt und dreckig, hatte schließlich einen schweren Kopf und Rückenschmerzen von der stundenlangen Sitzerei. Nachdem Kulenkampf seine ›Nachtgedanken‹ vorgelesen hatte, legten wir uns pennen. Fürbeck hatte die Wohnungstür abgeschlossen, streckte sich auf seiner Bettcouch aus, ohne sich auszuziehen, die Knarre unter dem Kopfkissen. Ich schob die zwei Sessel zusammen und kauerte mich hinein. Ich döste im Halbschlaf vor mich hin, die beiden Sessel waren einfach zu unbequem, und dann streckte ich mich auf dem kratzigen Teppichboden aus. Fürbeck war bei jedem Geräusch, das ich verursachte, sofort hellwach, ruckte auf und ließ mich auch nicht aus den Augen, als ich aufs Klo ging.

Am nächsten Morgen ließ er beim Duschen die Badezimmertür auf, damit ich nicht auf die Idee kam, zu telefonieren oder sonstwas anzustellen. Ganz klar, er traute mir nicht, ich war nicht sein Kumpan, sondern immer noch sein Gefangener.

Doch an diesem Morgen hatte Fürbeck sein einsilbiges, abweisendes Verhalten völlig abgelegt. Er war zugänglicher, kribbliger, fieberte dem Treffen mit Hagenbusch entgegen.

»In ein paar Stündchen sind wir um ein paar Scheinchen reicher. Und ich werd dann weit weg vom Schuß sein. Du kannst nur hoffen, daß sie Marzik unter ›unerledigte Fälle‹ verbuchen und dir nichts anzuhängen versuchen. Ist die Frage, ob dieser Notar nicht ein unzuverlässiger Faktor ist. Aber wenn der Deal mit dem Bild erst mal perfekt ist, dann kann auch er nur noch die Schnauze halten.«

Das Bild hatte die ganze Zeit in der kleinen Diele an die Wand gelehnt gestanden. Gestern, in dieser wortkargen, zähflüssigen Stimmung hatte ich es nicht gewagt, Fürbeck zu fragen, ob ich es mir anschauen dürfe. Aber nun, wo er zum vertraulichen »Du« übergegangen war...

»Ich kann ja verstehen, daß du als Kunstfritze... aber ich hab kein Klebeband hier. Wir könnten die Verpackung nicht wieder richtig zusammenflicken. Aber du wirst das Bild ja gleich bei Hagenbusch sehen...«

Unser Frühstück bestand aus Instant-Kaffee, altbackenem Graubrot und billiger Marmelade. Eine Sex-Beraterin belebte das Frühstücksfernsehen mit Ratschlägen, die ich vor fünfundzwanzig Jahren im Schullandheim schon zu hören bekommen hatte, von Mitschülern im Schlafsaal. Fürbeck kommentierte die Sendung mit ein paar dreckigen Bemerkungen, und dann genossen wir den Schulfunk, bis es Zeit war, das Bild wieder ins Auto zu schaffen und zu Dr. Hagenbusch zu fahren.

Ich war in einer Stimmung jenseits von Gut und Böse, ein bißchen wie in Trance, als ich den Wagen über den Weidenbach steuerte, dann über die Eifelstraße bis zum Volksgarten und den Hönninger Weg hoch bis zum Gürtel, auf dem wir dann direkt zu Hagenbuschs Villa kamen.

Die verhärmt Haushälterin mit ihrem verkniffenen Gesicht hielt die Tür weit auf, als ich das Bild hineintrug, und sie musterte Fürbeck mit einer Miene, als ob er ihr einen unsittlichen Antrag gemacht hätte.

Hagenbusch stand hinter seinem Schreibtisch.

»Ah, da sind Sie ja«, rief er, und das klang eigentümlich gepreßt. Hagenbusch wirkte ganz anders als sonst, auch sein Kanzleizimmer schien sich verändert zu haben, nicht von der äußerlichen Optik her. Ich stand da, mit dem Bild in der Hand, etwas verdutzt und ein bißchen hilflos, und dann ging alles sehr schnell.

»Hände hoch!« brüllte eine scharfe Stimme hinter mir. Ich hörte Gepolter, ich sah, wie Fürbeck herumwirbelte, seinen Revolver zog, ein Schuß bellte, und dann hatte Dr. Hagenbusch plötzlich einen hellroten Blutfleck auf der Stirn. Sein Gesicht verzerrte sich zu einer Grimasse, und dann sackte er nach vorne und plumpste auf seinen Schreibtisch. Dann ein zweiter Schuß, nur Sekundenbruchteile später, Fürbeck stieß einen wilden Schrei aus, feuerte wild um sich, ich riß instinktiv das Bild hoch, und dann spürte ich einen kräftigen Schlag im Kreuz, wurde zu Boden gerissen. Die Haushälterin schrie hysterisch auf, und zwei oder drei Mann knieten auf meinen Armen und meinen Beinen, tasteten mich ab, zerrten mich herum.

Völlig benommen rappelte ich mich schließlich auf. Hauptkommissar Sechler stand mitten im Zimmer, mit ihm vier oder fünf Kollegen in Zivil. Hagenbuschs schlaffer Körper war vom Schreibtisch heruntergeglitten, und keine zwei Meter von ihm entfernt lag Fürbeck zusammengekrümmt auf dem Boden, röchelte und rotzte hellroten Schleim mit Luftbläschen aus sich heraus.

»Scheiße!« rief der Kommissar. »Los, einen Krankenwagen. Über Funk, schnell!«

Das Bild lag am Boden, die Verpackung war zerdellt, als Sechlers Beamten bei dieser blitzschnellen Aktion darauf herumgetrampelt hatten. Das Geschrei der Haushälterin mußte jeden Moment die Fensterscheiben zerklirren lassen. Aus der Ferne war das Martinshorn von mehreren Streifenwagen zu hören.

»Wer konnte auch ahnen, daß der Bursche so fix mit der Knarre ist! Dann hätten wir ein Sondereinsatz-Kommando anrollen lassen!« jammerte der Kommissar.

Fürbeck gab ein lautes Ächzen von sich und war dann still.

»Den Notarzt können wieder abbestellen«, sagte einer der Beamten rauh.

Der Kommissar zog mich in das Wartezimmer des Notars.

»Als Sie gestern Herrn Hagenbusch anriefen, hatte er das Gefühl, daß da was nicht stimmte«, erzählte er mir dann. »Er wandte sich an die Polizei. Das hätte er, und vor allem Sie, schon viel früher tun sollen. Hagenbusch erzählte uns eine höchst abenteuerliche Geschichte. Und weil der Verdacht bestand, wir könnten hier bei dieser Verabredung Marziks Mörder dingfest machen, rückte ich mit meinen Kollegen von der Mordkommission hier an. Wir haben alle Daten noch einmal abgerufen, aber bis wir merkten, daß ein perfekt durchtrainierter Ex-Stasi-Agent hier auftauchen würde, war es zu spät, das SEK zu mobilisieren. So mußten wir also versuchen, ihn hier zu überrumpeln...«

»Und das ist gründlich schiefgegangen. Der war mit seiner Knarre einfach schneller, schneller als Sie es erwartet haben!« antwortete ich. Inzwischen war ich wieder absolut klar dabei.

»Nichts ist schiefgegangen!« sagte der Kommissar sehr bestimmt.

Sie karrten mich ins Präsidium, und als sie das Protokoll mit meiner Aussage aufnahmen, legten sie mir die richtigen Antworten quasi in den Mund. Es bestand offensichtlich kein Interesse an der Aufklärung, ob Dr. Hagenbusch durch eine Kugel aus Fürbecks Revolver oder versehentlich durch einen Polizisten, der auf Fürbeck schießen wollte, zu Tode gekommen war. Ich hatte den Eindruck, man gab sich alle Mühe, den Eindruck zu vertuschen, die Polizei hätte hier einiges vermasselt. Und ich spielte mit. Das war der Preis dafür, daß die Bullen nicht weiter nachbohrten, was ich in dieser ganzen Sache für einen Scheiß gebaut hatte. Und ein paar Typen beim BND, bei der CIA und beim KGB waren vielleicht auch ganz froh, daß die ganze Angelegenheit auf kleiner Flamme gekocht wurde. In der Presse hieß es schließlich, Hagenbusch sei von einem Einbrecher erschossen worden, der Polizei sei es gelungen, ihn noch am Tatort zu überwältigen. Das war völlig hanebüchen, aber die Öffentlichkeit schluckte das. Hagenbuschs Haushälterin wurde in einer Klinik völlig abgeschirmt, und mir riet Kommissar Sechler mit Nachdruck, für einige Wochen zu verreisen und nicht erreichbar zu sein.

So kam ich glimpflich aus der Sache raus. Das Bild war bei der Aktion beschädigt worden, wie mir der Kommissar erzählte. Ich hab mir dieses Bild nie anschauen können, ich hab es nie im Original gesehen, und heute bedauere ich es auch nicht. Vielleicht wäre ich sehr enttäuscht gewesen. Was aus diesem Bild geworden ist, wo es sich heute befindet, ob es überhaupt noch existiert, weiß ich nicht.